ハード
ワーク

勝つためのマインド・セッティング

ラグビー元日本代表ヘッドコーチ Eddie Jones
エディー・ジョーンズ

講談社

はじめに――マイナス思考を捨てれば、誰でも成功できる

皆さんは、今行っているビジネスや将来の夢などで、大きな成功を収めたいと思いませんか？

これは野暮な質問です。自分の人生を大きく左右することで、成功を願わない人などいないはず。

一方で、成功とは非常に難しいものだと思っていませんか？

皆さんの多くは、おそらくこう考えているのではないでしょうか。

「頑張っているのだけど、なかなか結果が出ない」

「本当の成功を収められるのは、運と才能に恵まれた人だけだ。どうせ自分には、無理」

そういう人は、成功が、雲の上にあるように感じているのだと思います。

私にはそんな皆さんが、ラグビー日本代表ヘッドコーチに就任し、初めて会った時

の選手たちに重なります。

私は選手たちに、力強く言いました。

「君たちは、これから世界のトップ10に入る！　そして、3年後のワールドカップに、必ず勝つ！」

しかし、選手たちは、白けた顔をしたまま、誰も同意してくれません。日本人は、とてもシャイです。私の大胆な提案に、恥ずかしがっているのかと思いましたが、どうもそうではありません。

尋ねるうち、彼らはようやく口を開きました。

「日本が世界の強豪チームに勝つなんて、絶対に無理です。日本は、ワールドカップで過去に1勝しかしたことがないんですよ。それも20年以上も昔です」

「日本人は、外国人に比べてずっと体が小さい。こればかりは、どうしようもありません。ラグビーは、体と体のぶつかり合うスポーツです。どう考えても、勝てるわけがありません」

中には、こんなことを言う選手もいました。

「日本人は農耕民族なんです。ラグビーは狩猟民族のスポーツです。そもそも日本人には、合わないんですよ」

これにには、さすがの私も吹き出してしまいました。

このように日本人選手の、「自分たちは弱い」という思い込みは、非常に強固でした。

やがてトレーニングが始まり、私は選手たちの思い込みを取り除きながら、チームに「ジャパン・ウェイ」という日本独自のやり方を植え付けました。

これは、ほかの国には真似できない「日本人らしさ」を、徹底的に活かしたものです。そこには、プレースタイルやトレーニング方法だけでなく、努力の仕方、マインドセット（心構え）など、精神的なものが多く含まれています。

スポーツは、身体的なものによる部分が大きいと考える方が多いかもしれませんが、実際は、そうではありません。考え方や姿勢など、精神的なもののほうがずっと大きいのです。

「ジャパン・ウェイ」は少しずつ、チームに根付いていきました。

その結果、日本は世界のトップ10に入り（最高9位）、２０１５年のワールドカップでは3勝を上げることができたのです。

ワールドカップの試合で、特に印象的なのは、「奇跡の勝利」「スポーツ史上最大の番狂わせ」と言われた南アフリカ戦であることは言うまでもありません。

南アフリカは、過去ワールドカップで2回優勝しています。通算成績は25勝4敗、勝率は世界一で、２０１５年の大会でも優勝候補でした。

一方、日本の過去における戦績は、1勝21敗2分。25年前の１９９1年に、一度勝ったきりです。

試合前、あるイギリスの大手ブックメーカーが出したオッズでは、日本が34倍、南アフリカが1倍でした。これは日本がほぼ間違いなく負けることを意味します。日本は劇的な逆転勝利で、それをひっくり返したのです。

試合直後、私自身、結果が信じられませんでした。日本があの強豪、南アフリカを倒したのです。選手たちの勇敢な戦いぶりに、感嘆するほかありませんでした。世界中のメディアとラグビーファンが、驚くべき日本の勝利に沸き返りました。

日本人は、ものすごい底力を持った民族です。それは短い歳月で目覚ましい成長を遂げた日本の選手たちを、間近で見てきた私が、誰よりも実感しています。

日本人にしかない強い力――、それはいくつもあります。限りない粘り強さ、並外れた勤勉さ、きめ細かな技術、頭のよさ、そしてあの感動的な連帯感……。

一方で日本人は、謙虚な国民です。謙虚はもちろん美徳にはちがいありません。しかし、私には弊害があるように思えます。それは謙遜がいきすぎて、自身を過小評価し、あの素晴らしい力を眠らせてしまうことになりかねないからです。

日本人は、自分の長所に気付くことが、非常に不得手だと思います。そこへ内向きでシャイな資質が加わり、「どうせうまくいくはずがない」と、マイナス思考を凝り固まらせている人が、とても多いのではないでしょうか。

「自分はどうせダメだ」というマイナス思考が、成功を阻《はば》んでいるのです。それを取り除きさえすれば、誰でも成功を手に入れることができます。

私は本書で、日本の選手たちを鍛えながら、彼らに伝えたことをすべて話したいと思います。

私の言葉が、読者の皆さんの心に届き、ビジネスや生き方、ものの考え方のヒントになって、成功への後押しになることを願ってやみません。

本書では、日本に苦言も呈しましたが、どうか悪く取らないでいただきたいと思います。私の指摘した弊害の下にもまた、「伸びしろ」として大きな力が眠っているのですから。

目次

第三章　何が勝敗を分けるか

第四章　成功は準備がすべて

ハードワーク

勝つためのマインド・セッティング

第一章

日本人独自のやり方で勝つ

目標は不可能そうなほど大きなものがよい

人生において、大きな成功を望む時、まず皆さんにやっていただきたいことがあります。絶対にしなければならないことと言っても、過言ではありません。

それは明確な目標を設定すること。

目標は漠然としたものや、抽象的なものではいけません。数字などで具体的に表現され、結果が出たとき達成できたかどうか、はっきりわかるものでなければなりません。

明確な目標は、必ず強いイメージを伴います。そのイメージが、成功へと導くのです。

これを私の専門分野、ラグビーで説明しましょう。

以前日本のラグビーは、名声においてサッカーや野球より、ずっと劣るものでした。理由は簡単です。日本のラグビーは、世界で通用しなかったからです。

私が日本代表のヘッドコーチになり、「日本は世界のトップ10に入る。ワールドカップでも勝利する」という目標を掲げた時、選手たちに言いました。

「このチームは世界で勝てる強いチームになり、日本のラグビー文化を変えるのだ。そうすれば、君たちはスターになれるぞ」

私は選手たちに、自分がスターになった時の、華やかなイメージを抱いてほしかったのです。

そのイメージに興奮し、今までなかった熱意を持ってもらいたかったのです。

実際2015年、日本がワールドカップで勝利を上げたことにより、ラグビーの人気は急に高まり、五郎丸《ごろうまる》歩《あゆむ》選手というスーパースターも生まれました。

どんな人の中にも、力が眠っています。その力は、放っておくと、それきりです。この力を呼び覚まさなければなりません。明確な目標を掲げ、それを達成した時のイメージを持つことは、それを行ってくれます。

自分の成功をイメージすると、誰もが晴れやかな気持ちになります。その気持ちが熱意と努力を生むのです。

もちろんイメージが、はかない夢であってはいけません。目標が漠然としていれば、そうしたものになりがちです。

私が目標を、数字などで表された具体的なものにしなければならないというのは、そのためです。

人の中に眠っている力は、計り知れないものがあります。ほとんどの人がそれに気付いていません。

自分の中に眠っている力を呼び覚ました人だけが、大きな成功を招き寄せることができるのだと思います。

一般的に目標は、手の届きやすいところに置くのがいいとされています。しかし私は、そうは思いません。

目標は、「そんなことができる訳がない」と思えるほど、大きなものを掲げるべきです。

手の届きやすい目標は、すでにある自分の力から、予想したものでしょう。それでは「眠った力」を呼び覚ますことは、できません。今までに感じたことのない熱意を覚えたり、１００パーセントの努力を傾けたりすることはないでしょう。

そのように、自分の中に眠った力を呼び覚まし、当初は不可能に思えた目標を達成したり、肉薄したりした人が、人生をよく生きた人なのではないでしょうか。

私は、一緒に戦ってくれた日本代表の選手たちを見て、心の底からそう思います。

スケジュールを固定するな

目標を掲げたら、次に決めなければならないのは、スケジュールです。目標が全体像だとしたら、スケジュールは細部です。

しかし、ここで気を付けてもらいたいことがあります。一にも二にも大切なのは、目標です。

自分がどこへ行きたいか。みんなをどこへ連れて行きたいか。これを強く意識し、決してぶれさせてはいけません。

目標さえしっかりしていれば、スケジュールは自ずと決まってきます。またスケジ

ユールは、当初考えていたものとは大きく変わることもあります。

ところが、スケジュールが変わることを嫌がる人が、思いのほかたくさんいます。確かに、スケジュールが変わると、手間がかかります。途中まで行っていたことを、また一から始めなければならないこともよくあります。しかし、それを嫌がるべきではありません。状況は、日々変化します。それに応じて、スケジュールも変えなければなりません。

それは、目標に近づくには「今、どうすることがいいか」に対する答えが変わるということです。

たとえば、ラグビーの場合、けが人が出ることなど、さまざまなアクシデントがつきものです。屋外スポーツなので、天候によって、試合の日程が変わることもよくあります。

それに応じて、スケジュールを変えなければならない。そのため、多くの人が振り回されることになります。

人によっては、反感を持つこともあるでしょう。しかし、決してそれを恐れてはいけません。**日々変わる状況に応じて、どうすることがベストかということだけを考え**

るべきです。

私は、どんなチームのコーチになった時でも、スケジュール表をどんどん書き換えます。

1シーズンに、50回近く書き換えることもあります。しかし、私はそれを健全なことだと考えています。

スケジュールを固定し、それをこなしていくというやり方のほうが、はるかに有害です。

お決まりのスケジュールどおりに行動していると、いつか人間はそのことに満足してしまいます。マンネリズムに陥ってしまうのです。マンネリズムから何も生まれないのは、言うまでもありません。

スケジュールどおりに行動することが目的ではないのです。そこをはき違えてはいけません。

物事のチェックは2ヵ月ごとに

私は、目標は絶対に変えてはならず、一方、スケジュールはできる限り臨機応変にするべきと言いました。

とくに組織の場合、リーダーは、常に先を見なければなりません。そうしなければ、チームは、決して目的地には、たどり着けないでしょう。

目標には、2種類あります。大きな目標と小さな目標です。これは性質ではなく、規模の異なるものです。

小さな目標は、大きな目標に従属します。大きな目標を叶えるために、小さな目標を一つ一つ達成していくと考えればいいでしょう。

例えば私は、日本代表のコーチに就任した際、「世界のトップ10に入る。3年後のワールドカップで勝つ」という目標を掲げました。

これは、3年という長い期間を見据えたうえでの大きな目標です。小さな目標は、もっと期間が短く、2ヵ月ごとに考えるべきです。ラグビーですと、大きな試合が、それぐらいの間隔でめぐってきます。対戦相手のレベルや特徴などを意識することで、こちらがそれまでに準備することが明確になります。

私はこれらを書きとめ、何度も何度も読み返します。目標が何であるかを強く認識することで、今何をすべきか、より的確に思い付くようになるからです。

また、人間は忘れっぽい生き物です。**日々の雑事にまぎれたり、直面している問題に気を取られたりするうち、当初の目標をつい見失うこともある**のではないでしょうか。**それを避けるためにも、目標を自分専用のメモなどに書きとめ、繰り返し読むことは、とても大事**だと思います。

そして、2ヵ月が経ち、目標にしていた事柄が終わったら、それを放っておいてはいけません。必ず結果を、分析したり、評価したりするべきです。ラグビーの試合ですと、負けた場合は、敗因を考えることはもとより、勝った場合でも反省すべき点は多々あります。

否定的なことばかりではありません。クリアできた点や成長した点も、きちんと評価するべきです。

この2ヵ月ごとの反省や評価は、もちろん次に活かすためのものです。この思考の繰り返しにこそ、進歩があります。向上心が成功をもたらしてくれるのです。

2ヵ月という期間は、物事をチェックするのに、とても適していると思います。これは私の経験から言えることですが、どんな物事でも準備し、吸収するのは、だいたいそれぐらいの時間を要します。これより短いと消化不良を起こすし、逆に長いと、緊張感を失ってしまいます。

メッセージはシンプルを心掛けよ

目標に向かう際、リーダーが部下や選手に送るメッセージは、なるべくシンプルにするべきだと思います。

伝えたいことは、たくさんあります。しかし、それをすべて伝えようとしても、相手はなかなかわかってくれません。

ここに、コミュニケーションというものの難しさがあります。あれもこれも伝えようとすると、どこにポイントがあるかわからなくなってしまいます。挙げ句は、何も伝わらないことにも、なりかねません。

いま本当に伝えたいことを1つに絞る。それも冗長《じょうちょう》ではなく、できる限りシンプルにする。これが大事だと思います。

私が日本代表のヘッドコーチを務めた3年のうち、2013年はチームの成長が著しい年でした。

6月に、当時世界ランキング5位だったウェールズ代表が来日。第1戦、日本は2トライしたものの、ペナルティーキックを多く与えてしまい、18対22で、惜敗します。

しかし第2戦は前半にリード、後半さらに差を広げ、23対8で完勝しました。キャップ対象試合で、ホーム・ネイションズに勝つのは、日本のラグビー史上初めてのことでした。

(注　キャップ対象試合とは、国代表同士の対抗試合のこと。出場すると、選手にキャリアとしてキャップ数が増えてゆく。対戦相手が2軍や代表チームでない場合は、キャップ対象試合ではないため、キャップ数も増えない。ホーム・ネイションズとは、イングランド、アイルランド、スコットランド、ウェールズの4つの国を指す。イギリスはラグビー発祥の地であるため、この呼び名がある）

同じく6月には、来日したアメリカ代表に勝ちます。勝因は、スクラムで相手チームを圧倒したからです。後半には3度トライを重ね、スコアは38対20。胸のすくような試合展開でした。

この試合は、私にも印象的でした。

スクラムが弱いことは、日本の課題でした。それを克服するため、私は選手の意識改革をはじめ、多くのことに取り組みました。アメリカ戦は、その成果が、存分に発揮された試合といえるでしょう。

11月には、オールブラックスと呼ばれる、ニュージーランド代表との試合が決まっていました。

オールブラックスは、2011年のワールドカップで優勝し、ランキングも1位。押しも押されもしない世界最強のチームです。

オールブラックスとの対戦が発表された時、一部の記者から「せっかくつき始めた自信を、また失ってしまうのではないか」と、危惧《きぐ》する声が聞かれました。でも、私は、まったくそう思いませんでした。絶対、チャレンジするべきだと思ったのです。鉄は熱いうちに打たなければなりません。成長期の今こそ、より強い相手に挑み、そこから何かを吸収すれば、さらなるグレードアップが可能です。

私は、選手たちの気持ちを一度ゼロに戻し、オールブラックスに集中させたいと思いました。現在の目的がそこであることを、おのおのがはっきり認識することが、必要だと思ったのです。

その時、私が選手に伝えたメッセージは、言葉ではありません。オールブラックスの選手たちによる、ハカというダンスのビデオです。これをミーティングで、選手全員に見せました。

課題を一つ一つ明確にせよ

ハカは、もともとニュージーランドの先住民、マオリ族の踊りでした。部族の戦士が戦いの前に、手を叩いたり足を踏み鳴らしたりして力を誇示し、相手を威嚇する踊りです。ラグビーのニュージーランド代表は、国際試合前に、これを舞うのです。

オールブラックスの舞うハカには、ものすごい迫力があります。巨漢の選手たちが、凄まじい形相で相手チームを睨みつけながら、手足を打ち鳴らすのです。

百聞《ひゃくぶん》は一見《いっけん》に如《し》かずといいます。

私は、日本代表に、世界最強チームの特長を理解させるには、どんな巧みな言葉よりも、映像のほうがいいと思いました。

また、どんなプレーよりも、私はハカを見せたいと思いました。

オールブラックスの強みは、フィジカル(筋力、持久力など体の基礎能力)にあります。

ほかのチームはこの点で負けてしまうのです。その勝利の9割は、フィジカルによると言っても過言ではありません。

彼らの舞うハカには、フィジカルが凝縮して表れています。この単純なイメージを、日本の選手たちの脳裏に焼き付けたいと思ったのです。

リーダーが簡潔な言葉や単純な映像をメッセージとして発すると、それはしっかりと部下や選手の心に刻まれます。そこから意識の変革が起き、進歩が始まるのです。

その数日後、私は選手全員に別のビデオを送りました。それはオールブラックスのトライと、日本代表のトライを連続して収めたものです。ビデオの終わりに、私はこんなコメントを付けました。

「これを見ればわかるように、日本のトライは、オールブラックスのトライと比べて、何ら遜色《そんしょく》はない。違いは、オールブラックスは常にこのトライができるが、日本はできないことだ」

オールブラックスとの差は、選手たちが思うほど大きくはない。しかし、差があることは確かだ。それをどう縮めるかが、今の課題である――。そのことを選手たちに示したかったのです。

メッセージは、最初に象徴的なものを示し、次により具体的なものを示すことが大事です。人間の頭は、物事を理解する際、たいていそのような順路をたどるからです。

このように、**課題を一つ一つ明確にすることが大切です。課題が明確になれば、人はそれを克服しようと、努力します。そこから可能性が広がっていくのです。**

逆に、課題がはっきりしないのに頑張っても、何ら成果は表れません。

それは努力のマンネリ化、相手に対する漠然とした恐怖、「どうせ勝てるわけがない」という負け犬根性を生むだけです。

その年のオールブラックス戦は、６対54という結果になりました。前半は拮抗《きっこう》した展開でしたが、後半に引き離されてしまいました。もちろん完敗は完敗です。しかし私は、得るところの大きい試合だと思いました。

以前の日本チームは、強い相手だと、試合を始める前から、気持ちで負けていました。「どうせ勝てるわけがない」という思い込みが先立っていたのです。この試合は、そうではありませんでした。弱い気持ちは払拭《ふっしょく》され、試合を通して、ファイティング・スピリットがチーム全体からみなぎっていました。

完敗したとはいえ、世界の頂点はそう遠くないところにあると、選手全員がこの試合から感じ取ったにちがいありません。

眠った力を目覚めさせる

1995年、私が初めて日本に来た時、人々に強い個性がなく、みんな他人から自分がどう見えるかということばかり考えているように見えました。自己主張を極力控え、「普通」であることに心を砕き、半ば眠っているように見えたのです。

私は少なからず失望を感じました。自分の血の半分をなす日本を、もっとエネルギッシュな国として思い描いていたからです。

日本は、そんな弱々しい国ではないはずです。

太平洋戦争で焦土と化し、最貧国になったのち、わずか20年ほどで、世界第2位の経済大国にのし上がったのです。これほど目覚ましい復興と成長をとげた国が、世界の歴史上あるでしょうか。

おそらく戦後のある時期まで、日本人は、豊かな社会という目標に向かって、皆が皆、身を粉《こ》にして働いたのでしょう。そのエネルギーには、言語を絶するものがあります。

しかし、日本は、50年ほど前に、目標を達成してしまいました。目標を達成するとは、一方で、それを見失うことでもあります。

豊かになった日本は、経済の停滞期とともに、自らの力を眠らせてしまったのではないでしょうか。

私は日本のラグビーを見て、これと同じようなことを感じました。本当は力があるのに、それを出せないまま、弱い状態に甘んじている。その期間が長いため、マイナス思考が染みつき、活路を見出せない……。

私は、日本のラグビーに、根本的な変革が必要だと思いました。

どうすればそれができるかを、サントリーなど、日本でコーチをする間、ずっと模索してきました。

２０１１年、私に大きなチャンスが訪れました。日本代表のヘッドコーチに要請されたのです。私はそれを引き受けると同時に、こう考えました。

「選手たちの中に眠った、日本人本来の力を、どのようにすれば目覚めさせられるか？　慢性的な弱さから脱《ぬ》け出《だ》し、大きな勝利に向かって邁進《まいしん》するには、何をすればいいか？」

これが当初の私のテーマでした。日本人は、再び強くならなければならないと思ったのです。

私はある友人に頼んで、武士道と侍について、リサーチをしてもらいました。かねてより日本人のエネルギー源は、武士道精神にあると考えていたからです。

私の目標は、日本代表チームがワールドカップで勝つことでした。そのためには、意識を変え、眠った魂を目覚めさせなければなりません。

昔、侍は、戦場に身を投じ、主君のために死にました。

私は、日本代表の選手にも、命を捨てることもいとわない「侍」になって、世界という舞台で戦ってほしいと思いました。そうすれば、必ず勝利は見えてくるにちがいありません。

現に日本は、戦後最貧国から短い期間で、世界の一二を争う豊かな国に変貌を遂げたのです。経済でできたことが、どうしてラグビーでできないことがあるでしょう。

短所は長所にもなりえる

リサーチの結果、３つのキーワードが浮かび上がりました。「信頼」「忠誠心」「努力」です。

昔、侍と領主の間には「信頼」がありました。その「信頼」に基づいて、侍は領主に対する「忠誠心」を持っていました。そして忠誠を果たすため、戦《いくさ》にそなえて、日々剣術を磨く「努力」を怠《おこた》りませんでした。

戦国時代、これらが三位一体となって、日本各地におそろしく強い侍の集団ができあがりました。やがてその精神は日本人すべてに浸透して、今のような国民性として結実したにちがいありません。

私は3つのキーワードをずっと考え続けるうち、少しずつ日本代表チームをどう作るべきか、方向性が見えてきた気がしました。

私は日本代表チームを、侍の集団にしたいと思いました。

それは外国のコピーではなく、日本独自のラグビーをするチームでなければなりません。

そして、チームの方針を「ジャパン・ウェイ」と名付けたのです。

それまで日本代表は、ワールドカップでは1勝しかしたことがありませんでした。それも、20年以上前のことです。

当初日本代表は、外国のやり方に影響され過ぎていました。

体と体のぶつかり合うラグビーは、体力が大きくものを言うスポーツです。日本人は、外国人に比べて、体格的に劣ります。これはどうしようもないことです。それなのに、外国のやり方をまねていては、いつまでも勝てないのは当り前です。

日本が世界の舞台で勝つためには、長所を活かし、短所を補う必要がありました。私はそのことに考えを集中させました。

日本代表は、日本独自の戦い方をするチームでなければなりません。これが「ジャパン・ウェイ」です。

「ジャパン・ウェイ」とは、要するに、「日本人らしさ」を活かすということです。まず、トレーニングのやり方。これは日本人らしい、生真面目で、100パーセントの努力を注ぐものです。

日本人の素晴らしさのひとつに、「勤勉さ」があります。これがあらゆる力の源と言っても過言ではありません。トレーニングは「ハードワーク」と呼ぶにふさわしいものですが、これを、時間を区切って一日3回行います。

そして、プレーはスピードに重点を置きます。これはただ速いというよりは、敏《びん》捷《しょう》という表現が適切かもしれません。

日本人選手は、体格や基礎体力がどうしても外国人選手に劣ります。例えば、南アフリカ代表の一番背の高い選手の身長は205センチですが、日本は196センチです。この体格差を補うには、日本人の長所であるすばしっこさを活かすしかありません。

これは当然と言えば、当然のやり方です。あらゆる物事には、長所と短所があり、二つは表裏一体になっていることが、少なくありません。

体が大きいということは、力強い反面、動きが鈍くなります。体が小さいということは、力の面では劣りますが、機敏に動けます。

このように短所の裏側には、必ず長所が潜んでいます。これを利用しない手はありません。

皆さんも、自分に短所があっても、諦めてはいけません。

違う角度から見れば、短所は長所にもなることが多いのではないでしょうか。むしろ短所にこそ、勝利や成功へのヒントが隠されているのだと思います。

よく、自分には何も取り柄がないと、嘆く人がいますが、そういう人は、自分の短所こそ、武器になりえることを、一度じっくりと考えてみるべきです。

また、侍は、最高の勇気を持つ存在でもあります。

戦いにおいて、命を捨てる覚悟を持っているのです。人間の持てる勇気で、これ以上のものは、ありません。「どうせ勝てない」というマイナス思考を捨て、その勇気を発揮すればいいのです。

そして侍のように、日本人はいつも礼儀正しい。これは素晴らしいことです。対戦チーム、ファン、スポンサー、遠征先のホテルの従業員……。試合の時間以外やフィールドの外では、周りのすべての人々に対して、尊敬の念を持って、礼儀正しく振る舞うこと。

こうしたチームのあり方が、「ジャパン・ウェイ」なのです。

潜在意識を利用する

「ジャパン・ウェイ」を、どう選手たちに浸透させるか？

これが当初、私にとっての課題でした。

専門家を呼んで、武士道についての講義をしてもらうか？　そんなことをすれば、選手たちは居眠りをしてしまうにちがいありません。

私は、シンボル・マークを作ることを思いつきました。それは忍者の体と侍の目をデザインしたものです。

忍者は、敵の目を盗み、目にも留まらぬ速さで走ります。神出鬼没で、いつのまにか敵陣に忍び込み、敵将の首を掻《か》いたりします。

侍の目は、わずかな隙も見逃さない、鋭い目です。真剣勝負の時は、隙あらば刀を抜き、たちまち相手をぶった切ってしまいます。

機敏さとスピード、わずかなチャンスを逃さない抜け目なさ。

この二つを、選手たちにメッセージとして伝えたく思い、あるアーティストにお願いして、忍者の体と侍の目をデザインした、シンプルなシンボル・マークを作ってもらいました。

そして、チームの中で渡される、どんな小さなメモにもこのマークが印刷されているようにしました。

私は、選手たちの潜在意識に働きかけようとしたのです。

人間の行動は、意識よりも潜在意識に支配されていると言っても過言ではありません。そこに働きかけることは、催眠術に似ています。

言葉をたくさん使い、口うるさく指導するより、潜在意識に働きかけたほうが、ずっと効果があると思います。

潜在意識とは、パソコンに例えると、履歴機能のようなものだと思います。

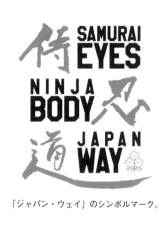

「ジャパン・ウェイ」のシンボルマーク。

私たちは、見たり聞いたりしたものを、自ら覚えようとしなくても、どんどん蓄えていきます。

私たちが、忘れていると思っていることでも、ほとんどがそこに貯蔵されているのです。

それがものの考え方や見方を形作り、さまざまな行動として表れるのです。

そこに繰り返し同じメッセージを送ると、人間は無意識に、そのメッセージどおりの行動を取るようになります。

シンボル・マークには、もとよりごくシンプルなメッセージしか込められません。

しかし、だからこそ、いいのです。それを事あるごとに目にする選手は、意識するよりはるかにしっかりと、忍者の速い動きと侍の鋭い観察眼を体得するはずです。

もし皆さんが、部下など、周りの人間に、ある事柄を浸透させたいなら、シンボル・マークをお勧めします。

ちなみにシンボル・マークは、抽象的なものではなく、誰が見てもすぐにわかる具象的なもののほうがいいでしょう。

潜在意識に働きかけるというと、何やらうさん臭くとらえる向きもありますが、決してそんなことはなく、明らかな効果があります。それは私の経験から、間違いなく言えることです。

小さな約束こそ守れ

武士道が、「信頼」を重んじると、私は先ほど言いました。

それに関して、私は選手たちとの間で、信頼を築くため、こんなことを行ったことがあります。

2012年、私の率いる日本代表チームは、初めてヨーロッパツアーに出ました。

それまで日本は、ヨーロッパで勝ったことがありませんでした。

私は、

「ルーマニア戦かグルジア（現・ジョージア）戦のどちらかで勝ったら1日休みをあげよう。好きなことをしていいよ」

と、選手たちに言いました。

結局、チームは、2戦とも勝ちました。実は、まだもう1戦残っていました。その時、選手たちは、思いも寄らないことを言い出しました。「休みを取るより、練習をしたい」と言ったのです。

これは本当に素晴らしいことです。

そして、選手たちの言うとおり、休みを取らず練習をし、ツアーの終盤にフランスで1日休みを取らせました。

その時私は、銀行でお金をおろし、それをスタッフの一人に渡して、選手それぞれにお小遣いとして50ユーロずつ与えるよう指示しました。

私は、これで選手たちとの約束を守ったのです。

些細《ささい》なことに思えるかもしれませんが、些細だからこそ大事なのです。約束は、小さなものこそ守らなければなりません。

もし、ここで約束を破っていたら、彼らはその後私の言うことを聞いてくれなかったでしょう。

信頼とは、行いによって築かれるのです。

言葉ではいくらでもいいことは言えますが、行いが伴わなければ、信頼は生まれません。

私は、選手たちと小さな信頼を積み重ねることで、選手たちとの絆を強くし、「ジャパン・ウェイ」がしっかりとチームに根付くよう、心がけました。

日本人の結束力は世界一

日本人の素晴らしいところは、いくつもありますが、中でも特に優れているのは、粘り強さです。忍耐力と言い換えても、いいかもしれません。

たとえうまくいかず、落ち込んでも、目の前の課題に取り組もうとする。決して音《ね》を上げず、頑張り続けるのです。

他の国の人なら諦めるところを、諦めない。ある目的があり、それがチームのためになるなら何でもする。

これが日本人の忠誠心です。自分ではなく、チームのためになることをするのが、彼らの喜びなのです。

この忠誠心が団体競技の場合、素晴らしく大きな力となって発揮されます。とにかく感動的で、最高なのです。

チームの忠誠心を高めるにはどうすればいいか？　これは非常に重要なことです。しかし、案外簡単です。

チームの中にはある共通した価値観があり、それに忠実でなければ、チームにはいられません。私も過去に、チームの価値観を理解できない選手を追放したことがあります。

一員になったならば、チームを第一に考え、価値観をよく理解したうえで、従うべきです。

リーダーは常にそれを、部下に植え付けることが大切です。

その際、軸をぶれさせてはいけません。一つでも例外を作ってしまえば、そこで終わりです。部下は不平等というものに、とても敏感だからです。

「あの人なら許されるのに、なぜ自分はダメなのだ？」

こんな気持ちを部下に抱かせたら、その組織にはひびが入ったのも同然です。一度入ったひびは、もう元には戻りません。チームの結束力は失われてしまいます。

日本人の結束力や、組織に対する忠誠心は、他の追随《ついずい》を許さない、素晴らしいものがあります。

しかし、残念なことに、それが十分に発揮されていないことも多いのではないでしょうか。実際私は、何人もの日本人コーチが、若い選手には規律を教えているのに、年長の選手には教えていないところを、見ています。

そのようなチームが強かったためしがありません。リーダーが軸をぶれさせているため、チームの結束力が培《つちか》われないのです。

すべての選手や部下は、公平に扱わなければならない——。これはリーダーが肝に銘じるべき鉄則ではないでしょうか。

向上心のない努力は無意味

物事に懸命に取り組むことを、「ハードワーク」と言います。

「ハードワーク」は、日本語で言う「頑張る」とは、少し意味合いが違います。

１００パーセントの努力を傾けることと、それに加えて「今よりよくなろう」という意識が必要です。

その意識がなければ、頑張りは無駄になります。

いくら頑張っても結果が出ない人は、間違いなく、「今よりよくなろう」という意識が欠けているからです。

「私なんか、どうせダメだ」と心のどこかで思っていたり、妙な自己満足だけで頑張ったりしているからではないでしょうか。

努力は身体的なものと精神的なものが共存して、初めて実りあるものになります。

身体的、物理的な努力だけでは、意味がありません。精神的な努力が伴って、はじめて有意義になるのです。

私が日本代表のヘッドコーチに就任した当初、日本人選手は、体力的には100パーセントの努力をしていました。

しかし、自分を変えようとする意識は100パーセントに満たなかった。与えられた課題をこなすだけで、自分をよりよくすることに、気持ちが向いていませんでした。そこを変えなければなりませんでした。

選手に向上心を持たせるため、私が行ったのは、命令口調で何かを言うことではありません。

トレーニングの時、集中していない選手がいたら、その選手を外しました。年齢やキャリアなど選手によって扱いを変えず、公平に、ただそれを行ったのです。

トレーニングそのものを中止することもありました。

時間になり、集合している選手を見て、全体の雰囲気から、準備ができていないと判断したら、その場でトレーニングを取り止めました。

選手からは、ものすごく不満が出ました。

彼らはトレーニングをするために集まっているわけですから、トレーニングをしたいのは、当然です。でも、私は、「君たちにはその準備ができていないのだ」ときっぱり言いました。

このように、私は常に選手たちの意識を高めようとしてきました。

「普通」であろうとしすぎるな

私はオーストラリア人と日本人のハーフです。父はオーストラリアの軍人、母は広島県がルーツの日系アメリカ人。私の妻も日本人です。妻は群馬県の出身で、明治大学卒業後、オーストラリアで日本語教師をしていました。

私が来日する前、日本に抱いていたイメージは、日本の女性はとても強いというもの。これは母と妻に対する印象からできたものだと思います。

一般的に、日本女性というと、なよやかなイメージを持つ人が多いと思いますが、私の場合は正反対でした。そして、女性だけでなく、日本人自体が、強い国民なのだと思っていました。

しかし、実際に日本に来てしばらく過ごすと、そのイメージは変わりました。女性が強いというイメージはそのままでしたが、日本人は、おそろしく他人に気を配る人たちでした。

日本人にとって何より大事なのは、「普通」であること。社会から疎外されないことに、重きを置きながら、暮らしているように感じたのです。

つまり、個人より、集団や組織が重視されるということです。

個人を犠牲にしながら、集団の維持や発展に力を注ぐ。その方法によって、第二次世界大戦後に日本は復興し、世界第2位の経済大国にまで、大きく発展したのだと思います。

日本人は出しゃばることを好まず、グループに溶け込み、そこに自分の居場所を見出すことが心地いいのだと思います。

それが当初私には、非常に理解しにくかった。

私は日本人や日本社会、そして日本という国に愛情を抱いています。しかし、社会的なつながりを非常に重視する点は、やはり大きな驚きでした。

私が初めて日本に来たのは、1995年。東海大学のラグビー部に、コーチとして招かれました。ここから、私のコーチとしてのキャリアは始まりました。

東海大学はとても弱いチームでした。彼らには「負ける」という考えしかありませんでした。マイナス思考が根付いてしまっていたのです。

選手はとても未熟で、自主性もなかった。私はこのチームをはじめて見た時、正直なところ、失望を感じ、かなり落ち込みました。ただし、チームは、集団としては、ある程度機能していました。

私は、何とかして彼らを変えようと、考えました。

選手一人一人をじっくりと観察し、それぞれに合ったトレーニングを行いました。そのようにして、何とか、これまでとは違うラグビーのスタイルを作り出そうと試みたのです。

トレーニングは厳しいものでした。早朝から練習を始め、一日に3回、時間を分けた練習を行いました。

トレーニングは、時間を区切る

また、選手にはフィールドで決断ができるよう、責任感を与えました。時間を区切ってトレーニングをすることと、責任感を与えること。これが改革の二本柱です。選手たちは、少しずつ成長していきました。

スポーツに限らず、どんなことでも上達しようと思えば、トレーニングしかありません。

トレーニングは、時間を区切ることが大切です。区切りがないと、緊張感を失い、トレーニングのためのトレーニングになってしまいます。これほど無意味なことはありません。

訓練は、苦行ではないのです。日本には、未だに精神主義的、根性主義的な訓練が見受けられます。そこからは何も生まれないと私は思います。

トレーニングは、上達したり目的に近づいたりするための手段です。時間を区切るという簡単なことにより、理に適《かな》った、能率的なものになるのではないでしょうか。

さらに組織やチームを動かす場合、一人一人が責任感を持つことも、非常に大事です。**与えられたものをこなすだけでは、本当の力は生まれません。人間はきわめて知能的な生き物です。自分で考えたり、決断したりすることから、大きな力が生まれるの**です。

個々に責任感がなければ、確かに従順で、リーダーとしては動かしやすいかもしれません。

しかし、そのような組織やチームは、しょせん脆弱《ぜいじゃく》で、競争に勝つことはできません。

一人一人が自主性を持つことで、個人の力は引き出されます。それを集結させることで、組織やチームは強くなるのです。

コミュニケーションは一対一で

私は外国人のリーダーとして、異国である日本に来ました。

部外者が何らかの活動をしようとする時、まず大切なことは、国であれ組織であれ、そこには独特な文化があることを知ることです。

人々の話し方や振る舞い方などは、独自のものです。

部外者としてそこに入った時、まずやるべきことは、自分の力で変えられるものと変えられないものを見極めることだと思います。

ここで注意していただきたいのは、「郷に入れば郷に従え」とは異なるということです。

私が言いたいのは、その場に溶け込んでしまうことではありません。そこで何かを生み出したいなら、よく観察し、できることとできないことを判別しなければならないということです。

日本の場合は、みんなで一緒に何かをしたいという、集団主義的なマインドを変えることは難しいと思います。その一体感や共同意識は保つ必要があります。これは日本人が大きな力を発揮する際の源でもあるからです。

私がまず気づいたことは、チーム全員の前で自分一人が褒められたり、逆に批判されたりすることを、選手は嫌がることでした。

そのためミーティングなどでは、個人に関する言及は避け、総括的なことを伝えるようにしました。

そして個人的なことを伝える必要がある場合は、別の場所で、一対一で話をするようにしました。それが日本で私が学んだ、最も大切なことの一つです。

外国人である私が言うのも、おこがましいようですが、日本には酒を飲みながら本音を話し合う「飲ミュニケーション」という素晴らしい文化があります。公の場より、こうしたプライベートな場で大事なことを伝えるやり方を、皆さんはぜひ尊重していただきたいと思います。

年功序列の有害さ

２０１２年、私は日本代表のヘッドコーチに就任しました。

私は、純粋に日本のラグビー界に恩返しをしたかったのです。それまでの日本での経験は、素晴らしいものでした。私にとって宝物です。異国という、文化の異なる所で指導することにより、私のコーチングは大いに磨かれました。

また、最初に私を正式にコーチとして迎え入れてくれたのは、東海大学です。それに対する感謝の念が、強かったのです。

日本代表のヘッドコーチに就いた時、私は選手が潜在的に持っている力を引き出し、日本のラグビーを強くしたいという熱い気持ちに満ちていました。

熱意に燃える一方で、私は日本特有のある難しさも感じていました。それは先輩後輩に代表される、昔ながらの上下関係です。

年齢による上下関係は、スポーツ界だけでなく、ビジネス社会など、日本社会の全体に広く行き渡っています。

そのことが念頭にあったので、最初の代表選手候補を選ぶ時、年齢が比較的高い選手を呼びませんでした。

これまでとはまったく異なる私のやり方にいきなり触れると、年齢から来るプライドのせいで、反感を持つと思ったからです。普通なら代表に選ばれるはずの数名を、あえて招集しなかった。しばらくして合宿所に彼らを呼び、練習を見せたうえで、合宿に合流したいという気持ちを起こさせました。

私が常に選手たちに伝えていたことは、フィールドと外では違うということ。どんな世界でも、年長者への尊敬は大切です。しかし、それはあくまでフィールドの外でのこと。中では、まったく事情が違います。

ラグビーでは、ボールを持った人が全権を握っています。その人が王様なのです。彼がすべてを決断しなければならない。

そこに年齢による上下関係など、入る余地はありません。年長者の判断を仰ぐなど、馬鹿げています。

選手は、全員そのことを理解しなければなりません。日本の選手は、フィールドの中でも、先輩後輩を意識する嫌いがあり、これがチームとしての成長を阻んでいました。私は、そのような意識は「百害あって一利なし」であることを繰り返し選手に伝え、最終的には理解してもらえました。

日本では、ビジネス社会でも、年功序列と呼ばれる上下関係があります。確かに経験が多いと、それだけ知恵も豊富になります。しかし、実力などの中身ではなく、年齢という外形を重視することがあるとしたら、やはり何らかの弊害になっているのではないでしょうか。

褒めることを惜しまない

日本代表が世界と戦うために、必要だったこと。それは、何といってもマインドセットを変えることでした。

日本はそれまでワールドカップで、1勝しかしたことがありません。それも20年以上も前のことです。

そのため、「どうせ勝てるわけがない」という弱い意識を選手全員が持っていました。それを払拭しなければ、どうにもなりません。

弱いマインドセットを変えるためには、選手や部下を褒めることが一番です。「どうせ勝てるわけがない」という意識は、さまざまな否定的要素の集まりです。それを、いいことがあれば褒め、消し去らなければなりません。

褒めるのは、言葉でも構いませんが、より効果的なのは、はっきり見える形で賞を与えること。

年齢や出身大学に関係なく、よいパフォーマンスができたり、一生懸命取り組んでいたり、自分の仕事にきちんと向き合っていたりすれば、褒めて賞を与えることが大事です。

賞はさまざまな形が考えられますが、代表チームの場合は、非常にわかりやすい。それは選手として、選ぶことだからです。「コーチである私は、君を信じているよ」という強いメッセージになり、そこに信頼が生まれ、選手も応えようとします。

これはビジネス社会なら、昇格や昇給に当たるでしょう。しかし、評価の際、やはり年齢や出身大学が考慮されることも多いのではないでしょうか。

私はスポーツに限らず、あらゆる仕事に背景や地位は無関係だと思います。背景や地位は、これまでの経緯であり、参考にすぎません。大切なのは、「今ここで、いい仕事をできるか」ということなのです。

日本のスポーツの現場を見て、とても気になったのは、指導者が選手を褒めることが、非常に少ないこと。

指導者は、まるで褒めることを惜しんでいるかのようです。そして、否定的な言葉ばかり浴びせます。ほとんど言葉の暴力のような場合も少なくありません。

私は、どのような世界でも、指導者は褒めることを惜しむべきではないと思います。評価できると思えば、それをはっきりと言葉にすればいい。

もちろん、媚びてはいけません。ただ心に感じたことを、素直に表現すればいいのです。

「完璧」にとらわれすぎる日本人

もし、指導者が選手に対して、「お前はダメだ」と言い続ければ、その人は本当にダメになってしまいます。それが今まで、多くの日本のコーチがやってきたことではないでしょうか。

コーチが選手に「お前はダメだ」と言い続けたとしましょう。選手にとって、それが自分に対するたったひとつの評価なのです。

どこにも逃げ場がなく、「自分はダメなのだ」と考えるほかなくなります。そう思い込み、信じてしまうのです。

そんな選手が、一体、どうして力が発揮できるでしょう。

信じることは強い力だと、私は先ほど言いました。これは悪い意味でも、当てはまります。

褒められれば、自分を信じる気持ちができ、そこから力が生まれます。貶《けな》し続ければ、「自分はダメだ」と信じ込み、せっかくの持てる力を発揮できないのです。

指導者の仕事とは、選手や部下の長所を丁寧に探し出し、それを活かすことなのです。選手や部下を、よりよくしたいのであれば、まず、その人のことを理解することが大切です。

例えば、なぜその人がラグビーをしているのか、理由を考えることではないでしょうか。

有名になりたいから？　お金を稼ぎたいから？　両親を喜ばせたいから？　ただ単にそのスポーツが好きだから？

根本的な動機から相手を理解しなければなりません。

次に、その人のよさを最大限に引き出すには、どうすればいいか考えるべきです。この人は、何が得意だろう？　どう使えば、利点を発揮できるだろう？　さまざまな角度から、丁寧に考えてあげましょう。

そして、もう一つ日本のコーチについて感じたのは、彼らが常にパーフェクトな選手を求めていること。

パーフェクトな人間などいません。

日本のコーチはしょっちゅう選手に「ミスをするな」と言います。選手も常に、それを気にしています。

しかし、ミスにこだわるあまり、肝心の長所を活かすことがなおざりになっているのではないでしょうか。

日本社会は、完璧ということにとらわれ過ぎていると思います。

フィールドは、いつもカオス（混沌）です。アクシデントが頻発し、1秒後に何が起こるかさえわかりません。そうした滅茶苦茶な状態を、何とか切り抜けられる選手を育てなければならない。

これはビジネス社会でもそうではないでしょうか。現場や市場は日々変化しています。さまざまな要素が絡み合い、予測できないことが頻発します。そこでは完璧など、どだい無理ではないでしょうか。

自分の長所を絞り、それを磨きながら、混沌とした世界と向き合って、何とか結果を出す。この姿勢が、成功への近道なのだと思います。

第二章

どう戦略を立てるか

「繰り返し」の効果

私は日本代表チームで、「日本人らしさ」を徹底して活かそうと思いました。日本代表には外国人選手もいましたが、私は、日本人選手をメインにしたチームにしようと、初めから決めていました。

外国人選手が多いと、批判が予想されることもありました。しかし、それより私は、日本人選手をメインにした、独自のチームを作りたかったのです。

チーム内で最も決定権があるのも、必ず日本人選手にしました。外国人選手は、あくまで身体面での補強です。

そのようなチーム編成は、一度も変えませんでした。

すべてを徹底したため、日本代表チームは、他の国とはかなり異質な、独特の味わいのあるチームになったと思います。

私は、こうした日本のスタイルを、「ジャパン・ウェイ」と名付けました。「ジャパン・ウェイ」を選手たちに浸透させるため、私はある工夫をしました。選手たちに直接言うだけでは、あまり浸透しません。

私はメディアを使いました。新聞や雑誌の取材を受けると、「ジャパン・ウェイ」について、執拗なほど繰り返し話したのです。

私は記者に話しているようで、実は、記事を読む選手たちに向けて話したのです。メディアを通じて、ミーティングをしているようなものです。

しかも、ミーティングよりも記事には客観性があるため、選手たちの頭により強く刻まれるのです。

私はメディアで、いつも「ジャパン・ウェイ」について話すのですから、選手たちは何度も同じような私の話を読むことになります。

人の心に訴える際、繰り返しは、非常に効果があります。

それが本当か嘘かは、関係ありません。何度も同じことを聞かされるうち、人は次第に本当だと信じるようになるのです。

この方法を用いる際、注意するべきことがあります。

それはあまり単純な繰り返しはよくないということです。言い方は変えなければいけません。同じ食材にある時は醬油をかけ、ある時はマスタードをつける。また別の機会にはトマトソースをかける。

手を替え品を替え、話さなければなりません。何か違うようだけど、メッセージの内容は同じということです。ここに秘訣があります。

言葉を現実にする方法

私はコーチ業が休みの時――トーナメントがない時やテストマッチとテストマッチの間――にたくさん本を読みます。

よく読むのは、ビジネス書です。そこには仕事に関するハウツーが書かれていますが、実はどれも内容はほとんど同じです。自分や周りの人間を向上させるためには、たいてい皆同じようなことを行っている。それを書き手によって、さまざまな言い方で表現しているにすぎません。

なのに、私はなぜ、ビジネス書をたくさん読むのか？

それは書かれた内容より、むしろ言い方を学びたいからです。

もし私が選手たちに、同じことを同じ言い方で伝えていたら、やがて彼らは飽き、聞く耳を持たなくなるでしょう。

しかし、そのたびごとに違う言い方で伝えれば、彼らに新鮮に響き、耳を傾けてくれます。

私が、ビジネス書でとくに強い感銘を受けたのは、アメリカの大経営者ジャック・ウェルチ氏の著作です。

彼は「部下にある期間、同じことを言いつづけていれば、それを信じるようになる」と言います。彼はそのやり方で、事業で大きな成功をおさめ、巨大な組織を作り上げたのです。

同じことを言い続けることは、単純に思えるかもしれません。しかし、それはぶれないことであり、信念を感じさせます。

その繰り返しが徐々に浸透し、人を動かして、成功に導くのです。

これはある意味、悪魔的な方法でもあります。たとえば、アメリカの大統領候補ドナルド・トランプ氏は、さまざまな政策を述べますが、結局「アメリカを再び偉大にしよう」と言っているにすぎません。そしてアメリカ国民は、少しずつそれを信じるようになってきているように見えます。

発するメッセージが、本当かどうかは関係ありません。同じメッセージを繰り返すと、人はそれに即した行動を取るようになり、言葉が現実になるのです。

いろんな言い方をしても、結局、言っていることは同じ——。

自分自身に語りかける時も、人に伝える時も、この方法は、成功への強い後押しになるにちがいありません。

部下を公平に扱うことの大事さ

「ジャパン・ウェイ」は、日本独自のスタイルですから、外国人選手には合わせてもらう必要があります。

ある国の文化とは、その国の人々にとって、譲れるものと譲れないものがあるということです。外国人は後者を理解しなければなりません。

それは一見、些細《ささい》に思えるかもしれません。しかし、そこに非常に重要なものが隠されていることがあります。

例えば日本人は、おそろしく時間に正確です。それは新幹線など、鉄道の運行状況を見ればわかることです。

電車に乗ると、3分遅れたら、車掌がおわびのアナウンスをします。こんな国が、ほかにあるでしょうか。

私たち外国人は、そのような場面に出合うと、「それぐらいいいじゃないか」と苦笑するような気持ちになります。観光客なら、それで構わないでしょう。

しかし、日本に溶け込もうと思うなら、あの時間の正確さを守らなければなりません。それが異文化を、本当に理解するということではないでしょうか。

例えば11時にミーティングを行うとしたら、10分前の10時50分には全員揃うようにしました。

もし外国人選手が5分前に現れたら、遅刻とみなすのです。そのようにして、彼らに日本流の時間厳守を徹底させました。

このような細かいことを全員が守ることで、連帯感が強まり、士気が高まるのです。それが「ジャパン・ウェイ」なのです。

逆に、こうしたことを守らなければ、チームの士気が下がってしまう。それを選手たちに理解させました。

外国人選手に、時間をきちんと守らせることは、日本人選手にとっても、大きなメッセージになります。

国籍に関係なく、選手は公平に扱われると感じるからです。しかも、その基準は日本的なものです。

このようにして、チームとしてのまとまりは、強くなったのだと思います。

些細なことを守るのは、非常に大事です。

時間を守ることより、ラグビーそのものに対する精神的、身体的努力のほうがもっと大事なのは、いうまでもありません。

つまり、より重要度の高い事柄だと、さらに真剣に取り組まなければなりません。

時間を守らせることで、選手たちはそれをしっかりと感じ、実行するようになりました。

目先の勝敗は気にしなくてよい

私の率いた日本代表の目標は、ワールドカップで勝つこと。これほど明瞭な目標もありません。

どこまで進んだかを確認するための中間ゴールは設定しませんでした。プロジェクト全体の目標がワールドカップでの勝利だったのです。

しかし、最終的に勝つためには、時には負ける経験も必要です。

ワールドカップでの勝利につなげるため、そこまでの3年間は負ける準備もできていました。

最初の試合は60点差で負けました。ものすごい大敗です。しかし、想定内でした。

その試合では、技術ではなく、勇気を試す戦い方をしてほしいと選手に伝えたからです。

翌週、戦略をすべて変え、勝ちに行きました。ずっと優勢に試合を進めましたが、最後の1分で逆転され、負けました。

この最初の2つの試合から、選手は多くを学んでくれたと思います。

目標がはっきりしていれば、目先の勝敗は大して問題になりません。チームや個々の選手も、何が欠けていたのかを課題として自覚します。それは自分の基準を作ることであり、基準は成長とともにどんどん上がっていきます。

結局それは、準備をすることです。

小さな視点で言うと、次の試合のためであり、大きな視点で言うと、ワールドカップのためということです。

私はどんな事でも、成功は、準備がすべてだと思います。

勝つためには、準備をしなければなりません。

スポーツはもとより、ビジネスでも競争相手がいます。どんな事でも、成功とは、相手に勝つことにほかなりません。勝ちたいなら、相手を上回る準備をするしかない

のです。

私は、準備を怠る人は、まったく話にならないと思います。そういう人は、私には戦う意志がないように見えるからです。

準備については、これまでも話してきましたが、ここではやや細かいことを述べたいと思います。

例えば、水分補給は、大切な準備のひとつです。これは、ただ水を飲めばいいということではありません。

まず、なぜ水分補給が大事なのかということを、理解することが必要です。

脱水症は体の不調を引き起こすと考えている人が多いですが、あまり正確ではありません。

脱水症を起こすと、血液の水分が減り、粘度が高まります。血の循環が悪くなると、まず頭がぼんやりし始めます。

これはなかなか気付きません。体は普通に動くからです。

しかし、実はこの時、大きな問題が起きています。判断力がすでに落ちているからです。

ラグビーは、瞬時の判断の連続です。わずかな判断の狂いが、勝敗を分けてしまうことも少なくありません。

こうした判断力の低下は、何としても避けなければなりません。そのために、水分補給は極めて大事なのです。

脱水の予防のために、何をすればいいか。

それは普段から水分をきちんと取る習慣を身につけることです。

たいていの人は、喉の渇きを感じたら、何かを飲みます。

しかし、プロスポーツ選手は、それではいけません。

喉の渇きを感じなくても、常時何かを飲む習慣を身につけなければなりません。試合中や練習中だけでなく、普段からそうするべきです。つまり、生活習慣そのものを変えるということです。

人間にとって、習慣ほど安定したものはありません。一旦習慣になると、忘れることはありません。欲求を感じなくても、行うようになります。

準備は、身体的、精神的、社会的と、さまざまありますが、それらが合わさって、勝利を呼び込めるのです。

リスクを負わないと、進歩はない

日本には、敬服すべき素晴らしい文化がたくさんあります。世界的に見て、日本は歴史のある国です。長い歳月をかけて、多くのすぐれた文化が培《つちか》われてきたのでしょう。

日本のラグビーも、かなり長い歴史があります。しかし、私には、日本のラグビーが、発展した文化には思えないのです。

日本のラグビーは、あまりにも型にはまっています。

自分の陣地では、安全を最優先し、必ずキックを選んで前に出る。相手の陣地に入ると少しパスをし、ゴールが近づくと、確実さを一番に考えて、パスをせず、そのまま前に走る。

このようなリスクの少ない基本プレーを、ただ繰り返すだけです。そこには、自主性も独創性もありません。

リスクを負わなければ、進歩はありません。リスクを負わず、決まり事を繰り返すことは楽にちがいありませんが、そこからは何も生まれないのです。

日本のラグビーに関する文化で、いいものがないわけではありません。

いわゆる「ノーサイドの精神」が、それです。

ラグビーは、体と体のぶつかり合う、激しいスポーツですが、その激しさは、もちろんフィールドの中だけです。試合が終われば、敵も味方もありません。昨日の敵は、今日の友であり、お互いフレンドリーに接するべきというのが、ノーサイドの精神です。

武士道の「礼に始まり、礼に終わる」に通じ、日本人的な連帯意識にも重なるこの精神は、確かに素晴らしい。

しかし、日本のラグビーはこの精神を重視するあまり、本質的なものをとらえ切れていない気がします。

ラグビーの本質は、いうまでもなく闘争です。そこには、食うか食われるかしかないのです。

この本質を見据えなければなりません。

これは言葉にすると、当たり前に聞こえるかもしれません。しかし、この現実と真っ直ぐ向き合い、実行するのは、意外に難しい。それは人間には、情というものがあるからです。

勝負はいつも、無情なのです。人間らしい感情を捨て去って臨まなければならないことを、肝に銘じるべきなのです。

明確なビジョンを持つ

私は日本のリーダーでは、元読売ジャイアンツ監督の原辰徳《はらたつのり》さんを尊敬しています。

原さんは、侍ジャパンこと、日本代表を率いて、２００９年のワールド・ベースボール・クラシックで優勝し、見事、世界一を勝ち取っています。

原さんは、リーダーとして、優れた見識と哲学を持っているにちがいないと思いました。そうでなければ、世界一になどなれるはずがないのです。

私は原さんに会う機会を得て、ジャイアンツの沖縄キャンプを3日間見学させてもらったこともあります。

その間ずっと、私は原さんのコーチングに注目していました。

原さんは、選手によって対応を変えていました。ある選手には父親のようにやさしく接するかと思うと、ある選手にはきびしい口調で応じていました。その臨機応変の対応が、非常に印象的でした。

選手それぞれのコンディションや課題を見きわめ、それに応じたきめ細かな対応をしているのです。

選手一人一人を、普段から細かく観察していないと、できない対応であることが、私にはわかりました。

また、原さんは、ワールド・ベースボール・クラシックについて、知名度や実績を考えず、チームに対して100パーセントの力を発揮できる選手だけを採用したと、私に話してくれました。

日本人が選手を採用する際、知名度や実績を重視する傾向があります。年功序列的な発想に立つことが多いのです。

しかし、原さんは、そうではありません。

なぜか？

原さんは、どのようなチーム作りをし、どんな戦い方をするかという、独自で、非常に明確なビジョンを持っていたからです。

そこが明確であれば、年齢や実績に重きを置く、妙な形式主義にとらわれることもありません。

勝負の時は、鬼になれ

私は原さんを招き、ラグビー日本代表選手の前で、講演をしてもらったことがあります。

原さんは、ワールド・ベースボール・クラシックでの経験をもとに、これからワールドカップに臨む選手たちに向け、心構えを説いてくれました。

「ここにいる選手たちは、一人一人の長所がチームに必要とされているから、選ばれたのです。

もちろん、どの選手にも欠点はあります。しかし、サクラのジャージを着る時は、欠点はいりません。それをできるだけ捨て去り、全員が長所だけをチームのために持ち寄ってほしい。

ニュージーランドやイングランドなど、世界の強豪チームに、優れた点はたくさんあるでしょう。しかし、自分たちにも、ここだけは負けないという点があるはずです。

一つでも二つでもいいから、各人がそれらを意識して際立たせ、戦ってほしい」

ワールド・ベースボール・クラシックで、原さんはアメリカに勝っています。野球の世界において、アメリカが絶対的に優位なのは、明らかです。アメリカにはパワーヒッターが多く、身体的にも勝っています。

しかし、原さんは、ベースランニングや牽制球など、日本人らしいきめ細かさを戦術に結集し、アメリカを打ち負かしたのです。

原さんのスピーチには、この経験から得た重みと説得力が、ひしひしと感じられました。

そして原さんは、もう一点、とても力強く話してくれました。それは選手たちに、フィールドでは「鬼になれ」ということです。

勝負の時、内向きであってはいけません。先ほど言ったように、フィールドは戦場であり、食うか食われるかの世界です。

普段の人間らしさを捨て去り、血も涙もない鬼となって戦わなければならないのです。

ワールド・ベースボール・クラシックでの侍ジャパンの戦いぶりを見て、シーズン中とは明らかに異なる選手たちのファイティング・スピリットに、胸を打たれた方も多いのではないでしょうか。

これは原さんの優れたコーチングが、イチロー選手をはじめ、全員に行き渡ったからにちがいありません。

私はこのスピーチを聞き、やはり原さんは世界を制するだけのリーダーであることを感じたのです。

欠点は、一つの条件にすぎない

原さんと同様、なでしこジャパンこと、女子サッカー日本代表の監督だった、佐々《さ さ》木則夫《きのりお》さんも優れたリーダーだと思います。

私は佐々木さんにもお会いし、話をうかがったことがあります。

佐々木さんもまた、世界を基準にした時、身体的には日本が不利であることを起点に、戦術を考えているとのことでした。

サッカーで体格の差が明らかに表れるのは、ゴール前でのヘディングの競り合いです。背の低い日本人選手はどうしても不利になります。

佐々木さんは、きめ細かで素早いパス回しを多用することで、ゴール前での競り合いをできるだけ避けることを考えていると、話してくれました。

原さんも佐々木さんも、世界で戦う時は、日本人が体格的に不利であることを自覚し、そこから戦略を立てています。

彼らの素晴らしいところは、体格が小さいことを決してネガティブにとらえないことです。

欠点は、誰にでもあります。

しかし、それをネガティブにとらえると、そこで負けは確定してしまいます。要は欠点とは、一つの条件にすぎないということです。

欠点を欠点ととらえるか、ただの条件と考えるかが、勝利や成功への大きな分かれ目になるのです。

原さんも佐々木さんも、日本人の体格が小さいことは、言い訳にしかならないことを知っています。

体格が小さいことは、コントロールできない要素です。

コントロールできないことは、考えるだけ無駄ですので、あれこれ考えても仕方がありません。放っておくのが一番です。

原さんも佐々木さんも、そうしました。そして、彼らは頭脳を使って、相手の上を行く戦略を立て、選手の機敏さやスキルを活かして、勝利を手に入れました。

私もまた、日本人選手の体格を欠点として扱ったことはありません。

あらゆる問題に、解決策は必ずあります。

コントロールできない要素を言い訳にすることは、解決への道を自ら閉ざしてしまうことだと思います。

戦略を徹底的に練る

ラグビー日本代表の特徴は、何といっても体が小さいことです。

日本代表は、ワールドカップに出場したチームのうちで、一番身長の低いバックでした。さらにフォワードには、世界一身長の低い選手もいました。

ラグビーの基本は、体と体のぶつかり合いですので、体格がものを言います。

しかし、勝ち目がないわけではありません。

勝つためには、どうすればいいか？

パス回しをはじめ、すべてのプレーを低い位置で行うことです。背の高い選手は、低い位置でのプレーを嫌がります。それが多いほど、我々が有利になるのは、明らかです。

選手たちに、そのことを理解させるため、私は格闘家の髙阪剛《こうさかつよし》さんに、２０１２年からコーチを頼みました。スポットコーチ（単発のコーチ）でしたが、３年間合宿のたびに、招きました。

格闘家をラグビーコーチとして招くのは、奇抜に思われるかもしれません。しかし、オーストラリアのあるプロクラブがレスリングのトレーニングを導入したと聞き、私はこれを思いついたのです。

かつて、髙阪さんはアメリカを拠点に、ＵＦＣ（アメリカの総合格闘技団体）で活躍し、「世界のＴＫ」と呼ばれていました。自分より20キロ以上も重い選手とも試合をし、体格差のある選手と戦う経験が豊富です。

また、彼は、「格闘技界の賢者」とも呼ばれ、体格の大きな相手を、さまざまな戦術によって倒してきました。

当初髙阪さんは、ラグビーが何人で行うスポーツかさえ知らなかったといいます。

しかし、彼は一流ラグビー選手より優れたタックルの技術を持ち、それを非常に理論的に選手たちに教えてくれました。

「タックルは、なぜ低い位置で行わなければならないか」

髙阪さんには、長年の経験と考察に裏付けられた持論があり、ミーティングで選手たちに何時間も話したりしました。

そして髙阪さんは、選手たちに、タックルをかける際、突然パッと身を低くする練習をたくさんさせました。これがワールドカップの南アフリカ戦で、実に役立ったのです。

私はまた、選手たちの筋力トレーニングを強化し、体を引き締めました。体を引き締めると、瞬発力やスピードがつきます。

日本人は勤勉なので、筋力トレーニングは十分すぎるほど行えることがわかっていました。実際、選手たちは、よく取り組んでくれ、ワールドカップに出場したうちで、一番体の締まったチームになりました。

低い位置でのプレーと、スピードの維持。私がこの二つを重視したのは、試合の60分を過ぎてからを考えていたからです。

その時間になると、どんなチームでも疲れて、スピードが落ちてきます。そこで相手の不得手な低い位置でのプレーを続け、こちらのスピードが落ちなければ、必ず勝機があると、私は確信していました。

私の確信は、現実になりました。それが南アフリカ戦の、奇跡の逆転勝ちであることはいうまでもありません。

努力をしてこなかった日本人

準備とは、努力のことです。

努力という言葉はよく用いられますが、私は大きな誤解があるように思います。**努力は、100パーセントのものでないと、意味がありません。80パーセントや、50パーセントのものなど、そもそも努力ではないのです。**

しかし、多くの人は、努力には程度があると思っています。80パーセントや、50パーセントのものも、努力だと考えるのです。

私がまだ若いコーチだった頃、選手がなぜ100パーセントの努力をしないのか、理解できませんでした。だから、そういう選手を見ると、すごく怒ったこともありました。

今は、昔ほど怒りません。怒ったところで、選手は直そうとしないからです。

それでも私は、努力をしない選手の扱い方について、非常に悩みます。

ここからは、日本の皆さんにとって、とても厳しいことを申し上げなければなりません。

私はいろんな国の選手を指導してきましたが、努力が一番不足していると感じたのは、日本人です。

私がコーチした日本人選手で、初めからきちんと100パーセントの努力をしている選手は、ほとんどいませんでした。

これは日本の教育と社会のシステムに問題があるからだと思います。

日本の選手は、たいてい高校に入ってから、15歳ぐらいでラグビーを始めます。そこで放課後、部活動としてラグビーを毎日4時間も練習します。

すると彼らは勉強する時間がなくなり、学力が上がりません。

それなのに、スポーツ推薦という枠組みがあるため、早稲田や慶應などの一流大学に難なく入学します。そして大学でも相変わらず勉強をせず、ラグビーの練習だけをします。

大学を卒業すると、彼らはトヨタやサントリー、パナソニックなど一流企業に就職します。

彼らが会社でするのは、インターネットのチェックなど、楽な仕事です。あまり働かなくてもラグビーができるように、優遇されるのです。ラグビーは、体を酷使する激しいスポーツだからです。

結局彼らは、大人になるまで、勉強も仕事もまともにしてこなかった人たちです。彼らが知っているのは、ラグビーだけです。

彼らは会社で、毎日3時間ラグビーの練習をします。しかし、優秀な選手になるには、成人になってからは、もっとトレーニングをしなければなりません。3時間では、短すぎるのです。

つまり、日本のラグビー選手は、勉強すべき10代の頃に勉強せず、長い練習をします。そして社会人の選手になり、長いトレーニングをしなければならない時、今度はあまりしないのです。

100パーセントの努力が大事

10代より20歳を過ぎてからのほうが、体力があります。その時、トレーニングの時間が短いことは、選手にとって何を意味するでしょう。

それは70〜80パーセントの力で、メニューをこなせばいいということです。

つまり、日本の選手たちは、これまで、ほどほどのトレーニングしかしてこなかったということです。

先にも述べたように、努力は、100パーセントのものでないと、意味がありません。100パーセントで行うからこそ、何かを吸収できるのです。

これでは日本が、世界という舞台で勝てるはずがありません。

ある国の教育や社会のシステムというのは、あまりに巨大です。私一人が変えようとしても、どうなるものでもありません。

私がしなければならないことは、日本代表を強くすることです。そのためには、選手たちに100パーセントの努力をさせなければなりません。

私は、トレーニングの時間を区切るようにしました。長い時間行うより、緊張感が出て、充実すると思ったからです。

そして、「100パーセントの力を出さずに取り組んでいる」と私が判断したら、即刻止めさせました。

選手たちの様子を見て、「今日は弛《たる》んでいるな」と思うと、トレーニングそのものをキャンセルしたりもしました。

選手たちは、不服の色を示しました。私の虫の居所が悪いため、そのようなことをすると考えたからです。

もちろん、そうではありません。

何かを成し遂げるには、100パーセントの努力をしなければならないことを伝えるには、この方法しかなかったのです。

ミーティングもそうです。選手たちが集まっても、だらりとした雰囲気だと、取りやめました。

努力には、身体的なものだけでなく、精神的なものも含まれます。どちらも100パーセントにならないと、何も学べないのです。

プレッシャーがなければ弱くなる

日本の選手は、国内のビッグスターでいると、非常に楽です。

強い高校でプレーすると、試合をテレビで放送しますから、選手はスターになれます。大学でもそのままスターで、企業に入ってからも同じです。

スター選手は、本当の意味でのプレッシャーがないまま、ぬくぬくと選手生活を送ります。

どの世界でも、プレッシャーがなく育ってきた人間が弱いのは、当然です。

だから私は、日本の選手たちに向かって、折にふれ、はっきりと言うようにしていました。

「君たちは、ラグビー界でまだ何もやっていない。絶対に、何かを成し遂げたと思うな。実際、何もできていないじゃないか。国内で優勝したからといって、それが何だ。ラグビーは国際的なスポーツだ。世界で通用しなければ、意味はない。そのことを胸に刻んでほしい」

私が言っていることは、事実です。しかし、同時に、選手たちにはショックであり、ものすごく大きなプレッシャーです。

「ラグビー界では、最終的にはワールドカップでの勝利でしか評価されないのだ。ラグビーのワールドカップは、世界で3番目に大きなスポーツのイベントだ。1番はオリンピック、2番はサッカーのワールドカップ。

君たちは、ラグビー選手だ。選手になった以上、ラグビー界で何かを成し遂げたいと思うのは、当然だろう。

それが可能なのは、ワールドカップだけだ。それができなければ、君たちの選手生活に、いや、人生そのものに意味はなくなる」

過激かもしれませんが、これぐらい言わないと、安穏とした日本の選手の心構えは変わらないと思ったのです。

スポーツよりまず勉強をするべき

日本のスポーツ界について、大きな疑問を感じるのは、スポーツをする人が、勉強をしないことです。なぜ、このような傾向が風土として根付いてしまっているのか、私は理解に苦しみます。

結局そのことが、日本社会におけるスポーツの価値を下げてしまっています。私は、学生時代から、スポーツマンはもっと勉強をするべきだと思います。

私は、スポーツをすることは、ある意味で特権だと思います。勉強がある程度できてから、スポーツをするべきです。スポーツは、そのご褒美としてとらえるべきではないでしょうか。

スポーツをする前に、基本的な学問はしなければなりません。私は数学と地理の教師だったので、なおさら強く思います。

学問をおろそかにしてスポーツしかしてこなかった子供が、将来スポーツで成功しなかった場合、どうするのでしょう。

例えば、ラグビーでは、年間30人ほどしかプロになれません。ほかの何万人もが、ラグビーで生計を立てることができないのです。

学業を無視して、子供達をラグビーだけに集中させるとすれば、結局、ラグビーを見下していると言わざるをえません。

スポーツをする人間は、学などなくていい——。これほどスポーツやスポーツマンを侮辱した考えもないのではないでしょうか。

人間の基本は、学問教育にあります。

学問がある程度身についていないと、どうしようもありません。まず、きちんと勉強をしてから、スポーツをするべきです。

学問は人生をバランスの取れたものにします。

生活の管理や、人生に関する諸事全般をどのように進めていったらいいか教えてくれます。人としての基礎を固めてくれるのです。

今の日本におけるスポーツの地位、特に学校の部活動のやり方は、明らかに間違っています。

プロスポーツ選手になれる人は、ごくわずかであると先ほど言いましたが、プロでさえ、遠からず選手生命が終わります。その時、彼らは、自分がこれからどうすればいいのか、わかりません。学問が身についていないので、判断できないのです。

私はこのような日本の選手を何人も見てきました。これは本当に大きな問題と言わざるをえません。

日本人は非常に頭のいい民族

世の中はすべて確率に支配されています。確率から免《まぬが》れられる人など、一人もいません。

私は、何事もまずデータを重視すべきだと思います。

これはスポーツでも同じです。

スポーツで成功しようと思えば、戦略を立てたり、データ分析をしたりする頭脳が絶対に必要なのです。

私は、日本人は非常に頭のいい民族だと思います。ノーベル賞科学者をたくさん輩出し、日本発の科学技術は世界を席巻《せっけん》しています。

しかし、日本のスポーツ界は、データをあまり重視していないように思えます。特にリーダーは、事前の調査を怠り、勘《かん》で物事を決めることが多い気がします。

私はここにもやはり、スポーツをする人間は勉強しなくていいという、ある種の差別主義が表れているように思います。

このことは馬鹿げていると同時に、もったいない気がします。

日本人がその優れた頭脳を駆使するのは、科学者や開発者など、専門分野の人に限られてしまっているのではないでしょうか。せっかくのいい頭を、使わずにいるのは、宝の持ち腐れというほかありません。

ところで、データというのは、実に膨大です。あらゆることにデータがあり、取ろうと思えば、どんなデータでも取れます。一方で、ただ見るだけではどうすればいいのか、わからないものです。

これはある意味、当然といえます。データとは数字で、それ自体に意味はありません。データの意味は、こちらが何を求めるかによって、変わります。視点を明確にしなければなりません。私がデータを使う場合、今のチームに何が必要かというところから入ります。もちろん、勝つためには何が必要かということですが、それはチームによって異なります。

数字は、とても正確に語りかけます。これらのデータを見るうち、自ずと改善すべき点が見えてきます。そこの練習を重ね、スキルを向上させることで、勝利に近づけることになります。

勝利や成功のためには、準備として練習を重ねるしかありません。しかし、やみくもに努力すればいいというわけではありません。無駄な努力は、できる限り避けるべきです。

印象や主観だけで、どのような練習をすればいいかを判断すると、見当違いのものの

が多くなります。印象や主観ほど、不正確なものはないからです。

有効な準備をするためには、根拠が必要です。その点、データは非常に明確な根拠を与えてくれます。

しかし、データは万能ではありません。数字だけではわからないこともあるため、そこは注意を要します。

データを見る場合は、型にはまった見方をしてしまうことが多いのではないでしょうか。そこは先入観にとらわれず、柔軟性を持つべきだと思います。

客観視すれば、進むべき方向がわかる

先ほどはデータを用いることの大事さを述べました。データは単なる数字であり、それに意味を持たせるのは、人間です。

どのデータを採用し、どう活かすべきかは、知識と経験によって判断しなければな

りません。

ここでは、自分の目で見て、判断することの大切さを話したいと思います。

ヘッドコーチの仕事とは、試合中、采配を振ることだけだと思っている方も多いのではないでしょうか。実は、むしろその後のほうが、忙しいのです。

試合の翌日は、まだデータを見ません。試合のビデオをじっくりと見ます。また、ビデオを見ながら、プレーの回数を数えることもしません。ただ、虚心に見るだけです。

実際に試合を見た時の印象は、偏っていたり、混乱していたりするものです。翌日ビデオで見ると、客観視できるので、印象が整理され、まとまります。

この作業によって、次にするべきことの大筋が見えてきます。

何事でも、客観視する作業はとても大事です。

先ほど述べたとおり、印象というものは、実にいい加減なものです。人はその時の感情によって、どのような印象でも抱きます。その向こうにある事実など、ほとんど見ていないことも少なくありません。

時間を置いたり、記録したもので振り返ったりすることで、印象から不純物を取り除くことができます。これが客観視するということです。

ビジネスも、同じだと思います。あるプロジェクトを実行し、結果が出たら、よくても悪くても、少し時間を置いてから、真っ直ぐに向き合うべきです。物事を客観視すれば、必ず見えてくるものがあります。この作業を怠ると、進むべき方向を間違ってしまうことも少なくありません。

試合の翌々日になると、データが私のところに上がってきます。今度は、私のある程度固まった印象と、データを重ね合わせる作業を行います。

この時、分析担当者と、私を含めたコーチ陣で討議を行い、コーチ陣は目についたところを挙げていきます。

それを重要さの観点から3つほどに絞り、次に同じ相手と対戦する時の練習を組み立てます。

練習は、データを元にして組み立てます。

例えば相手のタックルの比率が、上半身が3に対し、下半身が1とすると、練習もそれと同じ割合で、組み立てます。

練習は、できる限り実際の試合に近づけるべきだと私は思います。

あらかじめ想定し、準備しておけば、クリアすることができます。逆に、それを怠れば、手も足も出なくなります。

基本的には、想定できない状況というものは、ありません。もし予想と大きく異なる状況になったとしたら、想定の仕方が間違っていたのです。

正しい想定と、十分な準備、これができていれば、クリアできない状況などないのです。

そのためには、データなど確かな根拠をもとに、客観視することが必要です。そして、本番に近い状況を作り、熱意のある練習を繰り返さなければなりません。

準備では、もう一つ大事なことがあります。それは想定以上のものを準備することです。

たとえば、スクラムだと、次の試合相手に必要なものを上回る強度で練習を重ねます。

これは保険をかけるだけでなく、心理的な効果があります。

想定以上の練習をしておくと、実戦では多少楽に感じられます。つまり相手に対し、心理的に優位に立てるのです。

成功は、準備がすべてと言っても過言ではありません。

第三章

何が勝敗を分けるか

戦いに興奮はいらない

日本のラグビーをあまり知らなかった頃、私は非常に驚いたことがあります。それは選手たちがひどく興奮しやすく、感情的なことです。

例えば、大学ラグビーだと、試合前のロッカールームでは怒号が飛び交います。そして、選手全員が泣きながら目を真っ赤にします。

私は、日本人が冷静な国民だと思っていたので、この光景には驚かされました。

同時に、馬鹿馬鹿しさも感じました。

彼らがなぜそんなことをするのかは、理解できます。試合に臨み、闘志をかき立てているのでしょう。

でも、よく考えてみてください。

興奮によってかき立てられた闘志が、いったいどれぐらい続きますか？　せいぜい数分ではないでしょうか。

ラグビーの試合は、前半後半を通して、80分あります。一時的な興奮が通用しないことは、誰でもわかります。

80分は、長い時間です。その間には、さまざまな起伏があります。それを単純な気持ちの高ぶりで乗り切るなど、どだい無理な話です。

では、長丁場を乗り切り、最後に勝つには、どのような心構えが必要でしょう。

それは、冷静かつ、知的な闘志です。このような闘志には、安定感と持続性があります。

そして、この闘志は、これまで日本のラグビー選手が考えていたのとは、正反対のものだと思います。

冷静かつ、知的な闘志を持つためには、試合ですべきことを、あらかじめ明確にしておかなければなりません。

自分がどのような役割か。実戦では、どのようなことが想定されるか。それらをしっかり認識していれば、練習を重ねるうち、徐々にモチベーションは上がってきます。

そして、十分な準備をすれば、本番では自ずと、冷静かつ、知的な闘志が持てるものです。

その時、興奮は、本来必要な冷静さをかき乱すものでしかありません。

それでもなお、あの怒号と涙に満ちた日本式の興奮がなければ、モチベーションが上がらないという選手がいれば、そういう人は、ラグビーには向いていないのではないでしょうか。

ここで私が言いたいことを、一般的な話に広げると、つぎのようになると思います。

ビジネスなど、たいていの勝負は長丁場です。そこで勝つためには、感情的で、興奮しやすい闘志は不要です。

本当に必要なのは、冷静で、知的な闘志です。大きな感情の波を克服したその向こうに、成功はあるのではないでしょうか。

スポーツの地位を高めるべき

私はこれまで、いくつかの国でコーチをしていますが、指導する中身は基本的に変わりません。

私はラグビーに関して、シンプルな考えを持っていて、それを選手たちに伝えるだけです。

しかし、教え方は違います。それは国によって、文化的な背景が異なるからです。まず私と選手たちの間には、文化の違いによる溝があります。お互いそのことを認めなければなりません。

そのうえで私は、自分の考え方が、選手たちにどのように受け止められるかを考えます。

国によって、受け止められ方は、さまざまです。あまり抵抗のないこともあれば、相当な抵抗のあることもあります。

しかし、そのことは私には、大した問題ではありません。私のするべきことは、選手たちのいいところを引き出し、それを結集して、チームを強くすることです。その点では、何も変わりません。

国の文化的背景によって、ラグビーも大きく異なります。

例えば、私の母国オーストラリアは、攻撃的なラグビーをします。それは、オーストラリアの歴史が浅いことと、無関係ではないでしょう。

国の歴史は、国民性に反映します。そして、もちろん、スポーツなどの文化にも影響します。

オーストラリアの選手は、一人の人間に例えると、若者のようなところがあります。つまり、守るものがなく、恐れが少ないのです。

この傾向はラグビーだけでなく、あらゆるスポーツに当てはまります。

また、オーストラリアの選手は、日本の選手と違い、非常に自主性があります。さまざまな局面で自ら判断を下します。そして、意見が対立する場合でも、その判断をはっきりした言葉で、人に説明しようとします。

この点で、できる限り意見の衝突を避けようとする日本の選手とは、大きく異なります。

それは単にオーストラリアの個人主義と、日本の集団主義の違いではありません。オーストラリアのスポーツ選手は、自分がスポーツ選手であることに誇りを持っています。

オーストラリアでは、スポーツ選手は、社会的に高い地位にあり、人々の尊敬を集めるからです。

日本では、学歴が重視される一方で、スポーツをする人は10代から勉強をしなくてもいい環境で育ちます。その結果、官僚、医師、弁護士などが、高い地位につきます。

オーストラリアでは、スポーツで成功すれば、それによって地位と尊敬が得られるのです。その点に、日本とは大きな違いがあります。

異国で指導する秘訣

強豪国の一つ、南アフリカでもコーチをしたことがあります。

南アフリカのラグビーは、非常にパワフルです。技術より力を優先し、力で相手をねじ伏せようとするところがあります。

このようなラグビーが育った背景にもまた、社会や文化との関わりがあると思います。

アパルトヘイトの問題でも知られるように、南アフリカは、人口５４００万人のうち、１割にも満たない５００万人の白人が、国を支配してきました。理屈も何もない、力による支配です。つまり、南アフリカは、何より力が重視される国なのです。

それが国民性として根付き、ラグビーにも反映しているのではないでしょうか。

現在、私が代表チームのヘッドコーチを務めるイングランドはどうでしょう。

イングランドのラグビーは、気候の影響が大きいと思います。

雨が多く、気温が氷点下になることも多いイングランドは、そもそもフィールドを駆けまわるラグビーというスポーツに向いていません。

しかし、恵まれない環境で育まれてきたからこそ、精神的な強さがあります。少々のことではめげない、逞《たくま》しさがあるのです。

イングランドの選手は度胸があり、一発勝負や、大舞台に強い。そのような精神的な強さは、ワールドカップの好成績と無関係ではないと思います。

そして、島国であるため、保守的で、新しいものを受け付けないところがあります。この点は、日本と似ています。

チームを改善するとは、結局、新しい要素を加えることです。これはどこの国であれ、定着するまで時間がかかります。

何かを受け入れてもらうためには、信頼を築くしかありません。それは国や文化に関係なく、人間同士の基本だと思います。

その意味で、私は、自分と文化の違う国で、コーチの仕事をすることを、あまり難しく考えていません。

国歌を歌えないチームが弱い理由

あらゆる国には異なる文化があり、それを尊重しなければなりません。これは国だけでなく、国内の地方や、企業でも同じです。

どんなところにも、独自の文化や習慣があります。

そこで活動しようと思うなら、コーチに限らず、あらゆるビジネスマンは、文化や習慣にしっかりと配慮すべきです。

文化を顧みず、いきなり自分のやり方で始めても、受け入れられるわけがないのです。それは独りよがりにすぎません。

ビジネスなどにおける人間関係は、信頼によって成り立ちます。信頼は、互いの文化を尊重することによって、生まれるのです。

日本代表に選ばれた選手には、試合前に斉唱する「君が代」をきちんと歌わせるようにします。

外国人選手でも、同じです。外国人は、「君が代」を知らない場合がほとんどですが、全部歌詞を覚えさせます。

そして、選手全員で、歌う練習をします。

（注　ラグビーでは、その国に36ヵ月以上継続して居住した選手は、外国人でも代表選手として認められる）

「君が代」の練習は、キャプテンのリーチ・マイケルが、率先してやってくれました。

リーチは、ニュージーランドの出身です。15歳で来日した彼は、英語と日本語のバイリンガルで、どちらの文化もよく知り、日本人選手と外国人選手の橋渡しの役割を担ってくれました。

また、日本に慣れない外国人選手が、よくなじめるように、いろんな手助けもしてくれました。

私が彼をキャプテンに指名したのも、日本人と外国人の混成チームをうまくまとめることを期待したからです。

彼はその役割を、見事に果たしてくれました。

国歌は、国の文化を象徴するものです。これが歌えなければ、どうして文化を尊重などできるでしょう。

私は、堅苦しい話をしているのではありません。実際、国歌をちゃんと歌えないチームが、強かったためしなどないからです。

これはイギリスで報道されたこともあるのですが、一時期低迷していたイングランドの選手たちは、試合前に誰も国歌を歌いませんでした。

それだけではありません。

当時、ロッカールームの床は、吐き捨てられたおびただしいチューインガムで埋もれ、練習では、たくさんボールをなくしました。

選手に、チームに対するプライドがあれば、こんな惨状にはなりません。プライドのないチームが、勝てるはずがないのです。

プライドがあれば、チームに関わるすべてを大切にします。

試合前の国歌をちゃんと歌い、ロッカールームにガムを捨てず、ボールもなくさないようにするでしょう。

このような細かいことが、実は大事なのです。

ビジネスマンで、細かいことをあまり気にしない人は、一度身の回りの物事をチェックしたり、大事に扱ったりすることをお勧めします。

意外にも、そんなところに、大きな改善の鍵が隠されていることもあるのではないでしょうか。

日本のラグビーは、道具を大切にします。これは素晴らしい文化です。

例えば日本では、選手がよくスパイク磨きをします。

代表チームでも、これを取り入れ、試合の前日には、全員でスパイク磨きをするようにしました。

これは一種の儀式としての意味もあると思います。スパイクを磨きながら、明日の試合へのモチベーションが次第に高まるからです。

また、試合前日、選手に、代表チームのジャージを渡すようにもしました。これも多くのチームで行われている、日本独特の文化です。

試合の前日、ジャージを渡すことで、気持ちの切り替えと引き締めを図ります。選手たちは、国の代表として戦うことの誇りを、目に見える形で感じることになります。

このように儀式的なものを通じ、いろんな国の選手を、「ジャパン・ウェイ」として一つにまとめるようにしたのです。

コーチはセールスマンに似ている

私はコーチの仕事をビジネスとして考えています。

これはもちろん、「お金が第一」という意味ではありません。コーチは決して、特別な仕事ではないということです。

実際、コーチングのほとんどのことが、一般のビジネスに通じます。

ビジネスでまず大事なことは、知識です。知識はもちろん、その分野に関するものも重要ですが、それだけではいけません。

あらゆるビジネスは、互いに通じ合うものがあります。異なる分野にも興味を持ち、そこからも吸収しようという貪欲さが大切です。

また、世の中は、日々めまぐるしく変化しています。自分の知識もどんどん新しくしていかなければなりません。

うまくいったからといって、そこで知識の更新を怠ると、そのうち必ず失敗します。

私は、コーチの仕事は、セールスマンに似ていると思います。自分の立てた戦略を、選手たちに理解させせなければならないのですが、これは品物を、客に売るのによく似ています。

私の戦略を、すぐに呑みこんでくれる選手もいますが、なかなか理解してくれない選手もいます。

そういう選手に、私は何とか「品物」を売ろうと、いろいろ言い方を変えたりしながら、丁寧に話します。

決して、上から目線ではいけません。自分の売ろうとする「品物」が、どれほど面白く、魅力的かを、相手の立場になりながら伝えるのです。

この時、注意が必要なのは、理解していないにもかかわらず、さもわかったように「はい！」と返事をする選手がいることです。

私が、てっきりわかってくれたと思っていると、後でそうではないことが判明し、驚いたことも何度かあります。

ここにも、日本のスポーツ文化の弊害があるのではないでしょうか。目上の人には、口応えせず、「はい！」と元気よく返事をせよ。選手たちは、小さい頃から、このように教えられて育ってきているのです。

わかっていないのに、「はい！」と返事をすることは、欺瞞《ぎまん》以外のなにものでもありません。それでは何の進歩も期待できません。

わからないことを聞き返すのは、コミュニケーションの基本です。そして互いに納得してこそ、戦略は機能するのです。

「やってみなはれ」の素晴らしさ

国によって文化が異なるように、企業によっても文化は違います。その文化によって、ラグビーのスタイルも異なります。

サントリー時代、ほかのクラブチームと対戦しながら、そのことをよく感じました。

サントリーのホームグラウンドは東京都府中市にありました。同じ府中には、東芝のグラウンドもありましたが、二つのチームはラグビーのスタイルが、対照的でした。

東芝はとても堅実なラグビーをします。東芝は創業が明治時代という、古い企業です。電気製品の品質管理など、堅実さを重んじる企業風土が、ラグビーに反映している気がします。

一方、私がヘッドコーチを務めたサントリーは、新しいことに対する貪欲さがありました。そして、すべてがスピーディです。

私が何か提案すると、必ず24時間以内に返事があります。

大きな組織の場合、なかなかこうは行かないものです。一つの判断に何人もの人が関わったりし、スピードより慎重さを優先します。

サントリーは、そうではありません。私は、サントリーという企業が、現代のビジネスは、スピードが重要であることを、よく心得ていると思いました。また、サントリーは、新しいことにも貪欲でした。

このような企業風土が、私のやりたいラグビーとマッチしたのだと思います。そもそも外国人の私を、ヘッドコーチとして迎え入れてくれたことに、進取の気風を感じました。

サントリーは、創業者・鳥井《とりい》信治郎《しんじろう》氏の言葉、「やってみなはれ」を昔からスローガンに掲げ、企業風土として根付いています。

それは、物事は、始める前に小理屈ばかりを並べたら、何もできなくなってしまう。まず実行し、そこから吸収していけばいいという考え方です。

社内で、部下が何か提案すると、上司は「やってみろ。失敗してもいいじゃないか。責任は、俺が取ってやる」と言うそうです。

これは素晴らしい考え方です。私も、サントリー時代にその精神を知り、少なからず影響を受けました。

「やってみなはれ」、まさにそのとおりだと思います。私は、あらゆるリーダーは、こうあるべきだと思います。

失敗を恐れていては、何もできないのです。失敗しても、そこから学べばいい。成長とは、そういうことではないでしょうか。

「ミスをしないこと」は決して重要ではない

日本のスポーツでは、ミスをしないことが非常に重視されることは、前にも述べました。

しかし、一方には、サントリーの「やってみなはれ」のような、ミスを恐れない文化も、確実に存在するのです。

私は、ビジネスでもスポーツでも、ミスを恐れない精神をもっと推奨すべきだと思います。

そもそもミスをネガティブなものととらえることが、間違いではないでしょうか。

一寸先は闇といいます。どれだけ緻密な予測を立てたとしても、思わぬことは起こります。

もしかしたら、「ミス」という言葉自体が、よくないのかもしれません。「ミス」という言葉を口にした途端、ネガティブな響きがついてきます。それをした人に、「取り返しのつかないことをした」という、罪悪感を負わせます。

それほど「ミス」という言葉は、人を呪縛《じゅばく》するのです。

ですから、「ハプニング」「アクシデント」など、あまり重くない言葉に変えたほうがいいような気がします。

「ミス」は、それ自体決して重要ではありません。

「ミス」のあと、どのような行動を取るか、あるいは、そこから何を学ぶかが重要な

のです。

それをはき違えてはいけません。

ラグビーの試合で、必ずミスは起きます。

しかし、ミスをしてはならないことが、最も重要だとすると、そのあとどうするのでしょう？

ミスをしたからといって、そこで試合が終わるわけではありません。そのあとも、ゲームは続くのです。

この現実にどう対応するかが、本当の意味で戦うことではないでしょうか。

どれほど速く反応するか。どうカバーするか。その時発生した状況を、逆に活かせないか。

そのような視点を持ち、行動に移すことが、大事なのです。

ボールを持って走っている時、「ボールを落としてはいけない」ということばかりに意識を集中したとしましょう。

その選手は、ほかのことは何も考えられなくなります。筋肉もこわばり、機敏な動きが取れなくなります。

その時こそ、ミスが起きるに決まっています。つまり、「ミスをするな」と言われると、よけいミスをしてしまうのです。

人間とは、そういうものではないでしょうか。

チャレンジするから成功できる

私の母国オーストラリアにも、「やってみなはれ」に似た言い回しがあります。「Having a Go!」がそれです。「とにかくやってみよう、挑戦してみよう」という意味です。

この言葉が、オーストラリアのある一面を、よく表しています。

オーストラリアは日本と違い、歴史の浅い国です。イギリスから独立したのは、20世紀の初め。白人が来るまでは、先住民族のアボリジニの文化が栄えていましたが、現在の文化はそれが基礎になっているわけではなく、新しい文化をどんどん発展させてきました。

これはアメリカの歴史に似たところがあります。オーストラリアの「Having a Go!」の精神、「自分たちがどこまでできるか、やってみよう」という考え方は、アメリカのフロンティア精神に通じるものがあります。

オーストラリアのラグビーもこの考え方を反映しながら、近年目覚ましい成長を遂げました。

1991年と1999年には、ワールドカップで優勝。私がヘッドコーチとして率いた2003年は、決勝でイングランドに敗れたものの、準優勝しました。

オーストラリアの国民は、スポーツを愛しています。観戦することも、自らプレーすることも大好きです。

スポーツは、10代で学ぶことがとても大事です。すべての基礎がそこでできあがります。その時、身体的なことより、むしろ考え方について学ぶことが重要だと思います。

私は、中学、高校と、公立校だったので、学校にラグビー部はなく、地元のクラブに入り、ラグビーをしていました。

ラグビーをするのは、基本的に土日だけです。ほかの日は、勉強をしていました。私が10代の頃は、ラグビーに限らず、すべてのスポーツが非常にアグレッシブでした。私は挑戦的で、勝敗にこだわるラグビーを教わりました。

このような考え方が、私のラグビーに対する姿勢の基礎になっています。そして、とてもよかったと思います。

私が現在、コーチとして活動できるのも、10代で教わったことが基礎にあるからだと思います。

しかし、あらゆる文化は、歳月を経ながら、変化します。それが洗練など、いいほうに変わることもあれば、鮮度を失うこともあると思います。

現在、オーストラリアのスポーツ文化は後者です。円熟と同時に昔の積極性を失い、全体的に弱くなりつつあります。

スポーツには、勝敗があります。

しかし、文化は円熟すると穏やかになり、ハングリーさを失います。オーストラリアのスポーツ文化も、勝敗にこだわるより、市民がみんなで楽しめ、ハッピーになれるものが、好まれる傾向にあります。

日本の運動会では、徒競走で、最後は全員手をつないでゴールすることがあるそうですが、オーストラリアでも同じです。

例えば、かつてオーストラリアには、ケン・ローズウォールなど偉大なテニス選手が何人もいましたが、今はもういません。その点、錦織圭《にしこりけい》のようなすごい選手がいる日本を、うらやましく思います。

水泳もそうです。以前、オリンピックで、オーストラリアは強かった。イアン・ソープのような、金メダルをいくつも獲る選手もいましたが、今はそうではありません。

やはり成功には、チャレンジ精神が必要不可欠です。

今の状態に満足してしまうと、そこで成功への道は閉ざされてしまうのではないでしょうか。

状況判断が苦手な日本人

ほかの競技に比べ、ラグビーでは、プレー中に個々の選手のする判断がとても重要になります。その判断をすることを、デシジョン・メイクといいます。

これは、サインプレーなど、あらかじめ決まっているプレーとは、性格が違います。そして、デシジョン・メイクにこそ、ラグビーの本質はあると思います。

個々の選手の判断によるところが大きいことは、競技として、それだけ制限が少ないということです。

例えば、バスケットボールでは、ボールを持ったまま3歩以上は進めません。サッカーでは、体を直接相手に当てることは禁止されています。

一方、ラグビーはボールを持ったまま、いくら走ってもいいし、相手にタックルしても構いません。

ラグビーは禁止が少なく、自由度の高い競技なのです。

自由度が高いと、それだけ個々の選手が、たくさん判断をしなければなりません。フィールドで起きるさまざまな変化に対し、自分はどうすればいいかという瞬時の判断を、常に迫られる競技なのです。

よくいわれるように、日本の選手はデシジョン・メイクが苦手です。

これは指導する側が、何が正しくて、何が正しくないかを、すぐ教えてしまうからだと思います。それでは自分で考えたり、判断したりする力が身につかないのではないでしょうか。

早々と答えを教えたり、すぐに間違いを指摘したりすると、教えられる側は、自分で考えなくて済みます。

誰かが答えを教えてくれるのですから、人に頼るようになるのは、当然です。

私は教師時代からそうですが、選手や生徒に何かを問う時、答えを先に教えません。

「今何が起きたのか？」

「これはどういうことなのか？」

と、まず状況を理解させます。

例えば、私がオーストラリア代表のヘッドコーチだった時、タックルされると、すぐにボールを奪われてしまう選手がいました。

私はスタッフと、そのシーンばかりを編集したビデオを彼に見せ、「どう思う？」と尋ねました。

彼はビデオをじっと見て、

「必ず左側に走っていますね」

と、言いました。

「右腕で相手をハンドオフ（タックルに来た選手を手で突き放すこと）しているのですが、その時、左腕でボールをしっかりと抱えていないのです」

彼は自ら言い、問題を理解しました。

それから、自分で左腕のボールを抱えるトレーニングを強化し、問題をクリアしたのです。

私は何事でも、問題は人に指摘されるより、自ら気付くほうがはるかにいいと思います。それは理解の度合いが、大きく異なるからです。

特に目上の人に指摘されると、理解が不十分なまま、トレーニングを始めてしまうことも少なくないでしょう。それでは、あまり改善されないのではないでしょうか。問題が起きても、他人に指摘されることが繰り返されると、その人はいつまでも自ら考えたり、判断したりすることはありません。

そのような環境が、自主性や独創性のない選手を、作りだしてしまうのだと思います。

経験より熱意が大事

2019年、日本でラグビー・ワールドカップが開催されます。そのことが日本にとって、大きな意味を持つのは言うまでもありません。

2015年、私の率いた日本代表は、ワールドカップで3勝し、世界の注目を浴びました。2019年には、それ以上の活躍が期待されます。

次回のワールドカップで勝つためには、どうすればいいか。

現実的なことを言うと、代表チームとして、海外のチームとテストマッチを40試合ほど行い、チーム全体のキャップ数（選手一人ひとりが、国同士のテストマッチに参加した回数）が650を超えなければ、勝つのは難しいと思います。

ワールドカップで勝つには、やはり経験が必要なのです。

理由はワールドカップが、世界一の舞台だからです。それは通常の試合を、まったく異常な環境で行うことにほかなりません。言葉では表せない、ものすごいプレッシャーがあるのです。

そのプレッシャーに耐えるためには、やはり経験が必要ということです。

だからといって、私は経験を最も重視するわけではありません。一番大事なのは、熱意です。

私は、経験と熱意は、ある程度相反《あいはん》するものだと思います。熱意は、年長者より若者のほうが、多く持っています。

つまり、組織として考えた場合、若い血を入れるべきなのです。

熱意がなぜ必要か？

成功や勝利は、準備がすべてだと、私は言ってきました。

練習でもミーティングでも、十分な準備をしようと思えば、どうしても熱意が必要だからです。

熱意を持って努力し、準備するから、少しずつ勝利に向けた形ができあがるのです。

一人一人が、自分の役割をはっきりと理解し、無駄なくエネルギーを集中できるということです。熱意のない準備など、意味がありません。

日本をはじめ、アジアの国々では、年齢や経験を重視するあまり、熱意がおろそかになる傾向があると思います。

日本の年長の選手たちに、私はこんなことを言ったことがあります。

「君たちも、代表チームに入るためには努力が必要だ。君たちだって、若い頃があっただろう。その頃の気持ちを思い出してほしい」

先輩で、経験が豊富だからといって、努力を怠っていいはずがありません。

２００２年のサッカー・ワールドカップで韓国をベスト４に導いた、有名なオランダ人サッカーコーチ、フース・ヒディンク氏が、こんなことを言っていました。

初めて代表チームで合宿を行った時、食事の時間になると、まず年上の選手が食堂に来て食べました。そのあと、若い選手が来て、残り物を食べたのです。

ヒディンク氏は、なぜそんなことをするのか、理解できなかったと言います。

そして、年長の選手はどんどん太り、若い選手は次第に痩せていきました。

またフィールドで、若い選手が年上の選手にパスを求めても、年上の選手はパスをしません。

日本のラグビーでも、私はこれと同じようなことを、しばしば目にしました。

私たちの目的は、勝つことです。このような年齢による偏りは、マイナスにしかなりません。

私は、馬鹿げた状態を改善するため、ときどき年長の選手だけを練習に加えないようにしました。練習に加わりたいと彼らに渇望させ、熱意を起こさせるための荒療《あらりょう》治《じ》です。

チームでは、それぞれがお互いのために存在し、機能しなければなりません。そのためには、全員が熱意を持たなければならないのです。

日本代表はこれからどうなる？

２０１９年、日本がラグビー・ワールドカップの開催国になることに、話を戻したいと思います。

これは潜在的に、１億２０００万人のサポーターがいるということですから、すごいことです。

勝つためには、サポーターを増やさなければなりません。これほど力強い味方もないからです。

ファンは選手に、非常な力を与えてくれます。

ラグビーは、闘争です。ボールを持つと、必ずそこに争いが起きます。それに対して、審判が判断を下します。

審判は機械ではありません。人間であり、心があります。ファンの存在は、審判の心に影響を与えます。

極端な言い方をすれば、大勢のファンがいることは、審判を味方につけることと言えるかもしれません。

チームとファンの絆は、ここにあるのです。

日本にラグビーのファンを増やすためには、ワールドカップで勝つことが、絶対に必要です。

このために私は、いろんな改革を行ったのです。正直に言って、何かを変えることには、とても勇気が要ります。

もしあのチームで、勝てなかったら、私は、マスコミやファンにこんなことを言われたでしょう。

「どうしてあんなプレーをさせたのだ？　なぜキックをもっとさせなかった？」

とことん批判されたにちがいありません。日本がワールドカップで勝ててよかったと、本当に思います。

でも、ある意味で私には、あまりプレッシャーはありませんでした。ラグビーに、それほど人気がなかったからです。

私はもう、日本のコーチではありませんが、これから日本がどう前進するかを、よく考えます。

そして、今の「ジャパン・ウェイ」を、よりしっかり固めていってほしいと思います。

「ジャパン・ウェイ」は、まだ完成したわけではありません。まだまだ伸びしろがあります。

一方、昔のオーソドックスなラグビーに戻ってしまうのではないかという心配もあります。

次のヘッドコーチは、ジェイミー・ジョセフ氏に決まりました。

ジョセフ氏には、プレッシャーがあると思います。２０１５年のワールドカップの勝利で、ラグビーに注目が集まっているからです。しかも、次回のワールドカップは、自国日本で開催されます。

プレッシャーがあると、人は無難なことを選ぶものです。日本がまた、以前のようなラグビーに戻ってしまう可能性は、少なくないと思います。

日本人の体は小さく、背も低いので、オーソドックスなラグビーをしても勝てません。だからこそ、独自のラグビーをする勇気が必要なのです。

私は、次のコーチには経験豊富な人を選んでほしいと思っていました。プレッシャーに打ち勝つためには、どうしても経験が必要だからです。

例えば、元ニュージーランド代表のコーチ、グラハム・ヘンリー氏のような人がいいと思っていました。

彼なら、ワールドカップでの優勝経験もあり、日本を率いることになっても、プレッシャーを感じないと思います。

では、ジョセフ氏は、どうでしょう。彼は、スーパーラグビー（プロラグビーチームによる国際リーグ。2016年は、ニュージーランド、オーストラリア、南アフリカ、アルゼンチン、日本の5ヵ国、18のクラブチームで行われた）での優勝経験はあるものの、国代表のコーチになるのは、今回が初めてです。

私は、日本代表のさらなる飛躍を願ってやみません。しかし、ジョセフ氏は、経験という面から、心もとなさは拭《ぬぐ》えないと思います。

成功の後に、落とし穴がある

ここで今一度、私が日本を率いた時のワールドカップを振り返りたいと思います。南アフリカ戦で、奇跡と呼ばれる勝利を収めた後、次のスコットランド戦では10対45で、負けてしまいました。

負け惜しみは言いたくありませんが、日程が厳しかったことは、敗因の一つにあると思います。スコットランド戦までは4日しかないうえ、会場が遠く、移動に半日かかったので、実質的な間隔は、3日半でした。とにかく、完敗でした。

私は、もっとも大事なのは、次のサモア戦だと思いました。サモア戦までは、10日ありました。

選手たちもちゃんと準備していたのですが、私はどことなくしっくり来ませんでした。何かが欠けていると思ったのです。

ある時、私は、宿泊所の部屋でテレビを見ている選手たちを目に留めました。そのテレビは、日本の番組も見られるようになっていて、彼らは数日前の南アフリカ戦を見ていたのです。日本のテレビは、歓喜とともに、南アフリカ戦の様子を放映していました。日本の多くの皆さんもご覧になった、あの映像です。彼らはそれを笑いながら見て、楽しんでいたのです。

私の直感は、当たりました。違和感の理由が、わかった気がしたのです。

私は近づいて行き、選手たちに強く言いました。

「おい！　お前たちは、何をやっているのだ？　終わったものを見て、悦に入ってもしようがないだろう。俺たちは、あと2週間で成田に帰るんだぞ。その時、うなだれた、みじめな負け犬の姿で帰りたいのか？　嫌だろう？　選択肢は二つしかない。次の試合に勝ちたいのか、負けたいのか。勝ちたいなら、南アフリカ戦のことは、もう忘れろ」

日本には、「勝って兜《かぶと》の緒を締めよ」という素晴らしい諺《ことわざ》がありますが、まさにその通りだと思います。

大きな成功を収めると、どうしても人の気持ちは緩みます。ここに、大きな落とし

穴があります。日本の先人《せんじん》は、そのことをよくわかっていたのです。

南アフリカ戦での勝利は、確かに日本のラグビーの歴史を変えるような大きな意味があったと思います。しかし、サモア戦で負ければ、その意味を失ってしまいます。目標はまだ先にあり、試合も残っているのです。

私の態度が厳しすぎると思った選手も何人かいて、不満げな様子を見せました。しかし、私の言いたいことはきちんと伝わりました。

次のサモア戦は、素晴らしい試合でした。日本の行ったワールドカップの試合で、最高だったのは、じつは南アフリカ戦ではなく、サモア戦だったと思います。

スコアは、26対5。前半からずっと圧倒し続け、相手には後半1トライを許しただけです。完勝といっていい試合でした。

サモアの選手もまた、非常に体が大きい。それを簡単に打ち負かしたのです。「ジャパン・ウェイ」が、存分に発揮できた試合と言えるでしょう。

私は、サモア戦での日本選手の戦いぶりを、心から誇りに思います。

サモア戦で、痛感したのは、マインドセットの大事さでした。もし、私がテレビを見て笑っていた選手たちを叱責《しっせき》せず、弛んだ気持ちのまま試合に臨んでいたら、おそらく負けていたでしょう。

私は、リーダーとして最も必要な資質は、観察力だと思います。部下の表情、態度、服装などから、今、どのような心理状態にあるかを読まなければなりません。読むだけではいけません。どのような対応をするかを、決めなければならないのです。それはケース・バイ・ケースです。

サモア戦の前、私は厳しい対応をしましたが、いつもこうでいいというわけではありません。

相手が今、何を必要としているかを理解し、それに応じるべきだと思います。選手が、明らかな凡ミスをした時でもそうです。本人が精神的に強ければ、強い口調にもなります。

しかし、精神的に弱い選手なら、彼の肩を抱きながら、「次は気をつけろよ」とやさしく言うことも必要です。

部下がミスをしたからといって、感情のおもむくまま、怒ればいいわけではないのです。相手によっては、やさしくしなければならない時もあります。

リーダーの条件は、感情をコントロールできることだと私は思います。

第四章

成功は準備がすべて

教わる立場で考える

仕事など、人は誰しも、初めは誰かに教わる立場にあります。やがて歳月がたち、今度は、人に教える立場に変わります。

上司などのリーダーになった時、最も大切なのは、自分が部下だった時に、どう教えてほしかったか、どう扱ってほしかったかを思い出すことではないでしょうか。

コーチなら、選手時代にどのようなトレーニングをしてほしかったかを、最初に思い出すことをお勧めします。

指導される立場から、指導する立場に昇進した時、このような考え方をベースにして、自分のやり方を徐々に確立してゆくことが、とても大事だと思います。

「誰かの部下だった時、このように扱われて、嬉しかった」

「こんなことを言われて傷つき、嫌だった」

その時に抱いた気持ちから、指導の仕方を考えるべきです。

教える立場になると、急に支配的な態度を取る人がいます。その人は、同じ態度を取られた時の嫌な気持ちを忘れてしまっています。おそらく指導する立場を、権力を行使できる立場と、はき違えているのでしょう。

これほど部下に嫌われる上司はいません。昇進したからといって、くれぐれも、妙な勘違いをしてほしくないと思います。

怒る時は必ず演技で

もちろん上司やリーダーは、時には怒らなければならないと思います。怒ることが好きな人など、あまりいないと思いますが、そこは勇気を出すべきです。

ただし、本気で怒ってはいけません。演技でなければなりません。

逆に、怒りたくなるような時でも、怒ってはならないこともあります。そこはあえて感情を抑え、メッセージを出さなければなりません。

自分の部署やチームが、気持ちよくパフォーマンスできるように心がけるのは、リーダーの務めです。

チームのテンションが、全体的に落ちていると感じれば、エネルギーを注入するべきです。テンションが上がりすぎていれば、少し落ち着かせ、バランスを取ったほうがいいこともあります。

リーダーは、チームの雰囲気を読むことが大事です。部下や選手の感情を敏感に感じ取り、的確な判断のもと、演技的な振る舞いをして、彼らにメッセージを送ることが、リーダーの仕事なのです。

一つ、例を挙げましょう。私は現在、イングランド代表のヘッドコーチを務めています。

２０１６年６月25日、オーストラリア対イングランドのテストマッチ３連戦が行われました。イングランドは、１、２戦とも勝ちましたが、３戦目になると、心身ともに疲労の色が見え始めました。選手たちは、昨年６月から、ずっとトレーニングをしていたからです。

イングランドが先制した後、競り合いましたが、逆転され、17対18で前半を終えました。内容もよくありませんでした。

ハーフタイムで、アシスタントコーチは怒りながら叫び、選手たちを罵《ののし》りました。しかし、選手たちは、あまりに疲れていたため、それを受け止める気力さえありません。

私は、彼らに今必要なものは愛情と自信だと思いました。そして、選手たちを集め、

「私はいつも君たちを思っているし、信頼しているよ」

と、彼らだけに聞こえる程度の、低く柔らかい声で言いました。

後半は開始後しばらくして、イングランドが逆転、それからシーソーゲームになりましたが、最後は44対40で競り勝つことができました。

この試合のハーフタイムで私の行ったことが、場の空気を読むということだと思います。

もし、私がアシスタントコーチのように、選手たちを怒りに任せて叱責していたら、おそらく負けていたでしょう。

リーダーは、自分の感情から離れ、その場を客観視しなければなりません。そのうえで、一種の演技として、顔色や声色、言葉などを使い、メッセージを発するべきだと思います。

すべてを考え尽くして勝負に臨め

コーチや上司の仕事は、自分の周りにいる人材を成長させることが、第一です。

そして、選手や部下の気持ちを読むことに加えて、広い知識が必要です。

知識は経験だけでなく、尊敬する人物や読書などからも得ることが大事です。さまざまなところから得た知識を混ぜ合わせることで、それらは知恵や哲学として結実します。

さらに熱意も必要です。

リーダーが熱意を見せなければ、部下はこれからやるべきことが、行う価値のあるものかどうかの判断ができません。

それは言葉で伝えることはできません。態度や行動などで熱意が伝われば、行う価値があるものだと示すことができるわけです。

こうしたものを兼ね備えた人が、理想のリーダーと言えます。

逆に、リーダーに好ましくない人物とは、場の空気を読めず、知識も熱意もない人。要は、自己中な人です。

そのような人物が、リーダーになどなれるはずないと思うかもしれませんが、実際にはしばしばあります。いわゆるカリスマ的な人物に、このタイプはよく見られます。

カリスマ的な人物には、えも言われぬ天性の魅力があります。それによってリーダーに抜擢されることがあり、また、部下も当面はついていこうとします。

しかし、彼にはリーダーとしての資質や力量が備わっていないため、短期的な成功をもたらすことはあっても、持続的な成果を上げることができないのです。

私のコーチングの師匠に、ボブ・ドワイヤーという人がいます。彼は、オーストラリア代表のヘッドコーチで、私は彼を大いに尊敬しています。

ドワイヤー氏は、試合の運び方に関して、とても明確なビジョンを常に持っていました。今、目の前で行われている試合は、こうあるべきだというイメージが、はっきりしていて、彼の采配はそこから逸《そ》れることは、まずありませんでした。

なぜ、このようなことができるのかと言えば、試合までにあらゆることを想定し、すべてを考え尽くしているからです。

つまり、十分に準備しているということです。

彼は、あらかじめ思い描いたイメージどおり試合を運ぶことに、何より情熱を傾けていました。

何かを行う前に、準備ほど大事なものは、ありません。十分な準備をせずに、物事に臨む人は、成功には遠いと私は思います。

準備をしない人は、怠慢だからです。あるいは、自分に対して妙な過信があるのかもしれません。怠慢や過信を見直し、準備をきちんと行わない限り、成功は望めないのではないでしょうか。

準備こそが、成功への近道です。ドワイヤー氏は私にそのことを、身をもって教えてくれました。

彼はまた、選手の一人一人とよく話をし、選手に自分が大切な存在であることを常に感じさせていました。

その一方で、選手がよい結果をもたらさなければ、容赦なく外しました。彼は選手に対し、残忍なほど誠実なのです。

これはドワイヤー氏が、常に選手を正しく評価しているということです。結局、選手が本当に求めているものは、この正しい評価なのです。

感情で人を評価するな

実は、ドワイヤー氏は、選手時代の私を、代表チームに選びませんでした。私ではなく、ライバル選手のほうを抜擢したのです。

このことを、ある日本人に話すと、非常に驚かれたことがあります。その人はこう言いました。

「エディーさんは、そんな人をよく師匠として尊敬できますね」

彼はこうも言いました。

「普通は、自分を評価してくれた人に師事しようと思うのではないですか。自分ではなく、ライバルを選んだ人など、僕なら顔も見たくありませんよ」

日本社会では、好みや感情で人を評価したり、採用したりすることがしばしばあることは、私も知っています。選ばれなかった人は、嫉妬を抱くことも多いでしょう。

しかし、尊敬というものは、自分を選んでくれたかどうかとは関係ありません。その人の持っている知識や、熱意ある姿勢や、信頼できるかどうかが大事なのです。

結局、人間性や実力を尊敬できるかがすべてであり、嫉妬などの私的感情をそこに持ち込むのは、馬鹿げていると思います。

また、コーチや上司というのは、選手や部下に好かれるためにする仕事ではありません。大切なことは、指導力が尊敬されるかどうか。それは、個人の抱く感情とは、次元が異なることは言うまでもないでしょう。

もちろん、人間である以上、個人的な感情、特に嫉妬などのネガティブな感情は、何事にもつきまといます。

大事なのは、組織の事柄が、感情によって動かされたり、決定されたりしないことです。

組織から感情の影響を断つために、何をすればいいか？

それは能力や結果に対して、きちんと報酬を与えることではないでしょうか。

誰かが何かをうまく行えば、必ず報酬を与えること。それは金銭でも、地位でもいいと思います。

結果を出した人や結果に貢献した人が、どんな形であれ、報われることが大事です。報酬をあらかじめ用意しておき、遺漏《いろう》なく与えること。これが組織を運営するうえで、極めて大事なのです。

その判断基準が明確であれば、AさんがBさんよりいい仕事をしている場合、Aさんが報酬を受けるのは、当然でしょう。

そこに感情の入り込む余地はありません。

公平感が浸透すれば、誰もが頑張ろうと思います。結果が出せれば自信になるし、出せなければ自分の力不足を反省します。つまり、そこで一人一人の自主性が育まれます。

逆に、結果を出してもきちんと報酬がもらえなかったり、リーダーの好みが実力より優先されたりすれば、不公平感が生まれます。

そのような組織では、部下は次第にやる気を失います。また、自主性も育たず、人任せがはびこるでしょう。

公平に評価し、きちんと報酬を与えることは、本当に大事です。

不公平感は、組織をむしばみます。そのような組織が十分な力を発揮できるはずがないのです。

誰でも今よりいい自分になりたい

以前、韓国人で初めてメジャーリーグのピッチャーになった朴《パク》賛《チャン》浩《ホ》さんのお話をうかがったことがあります。

彼は、いい選手になるために、必要なことについて話してくれました。

子供のころ、彼は野球をすると、親にヌードルをご馳走してもらえたそうです。もう少し大きくなり、彼はメジャーリーグの試合を見に行く機会がありました。そこには5万人の観衆がいて、彼は親に「僕は、あのマウンドに立つ人になる」と宣言したそうです。

彼はヌードルを食べたいため、親の言うとおりにしていました。褒美がほしくて、野球をしていたのです。

褒美をほしがる気持ちが、いつか成功への夢に変わり、やがて夢が実現しました。小さいけれど大事なことが、大きな成功を引き寄せるのです。

部下に報酬など、何かご褒美を与えることは、成功したいという気持ちを持たせることでもあります。

リーダーは部下に、報酬を与えながら、ハングリー精神を持たせることが大事です。そして、何らかの夢も与えてあげなければなりません。

結局、人というのは、今よりいい自分になりたいのです。あるいは、今よりいいことに参加したいのです。

私がボブ・ドワイヤー氏を師と仰ぐのも、この気持ちからです。

彼は、いつもイメージどおりの完璧な試合を目指し、それに近いことを実行していました。私は、選手として彼が指揮を執る試合に参加したかった。残念ながら、その希望はかないませんでしたが、彼のやり方が私の理想であることに、変わりはありません。

法則を理解すれば、優位に立てる

私が初めてボブ・ドワイヤー氏に会ったのは、シドニー最強のランドウィックというクラブチームでした。

私は、シドニー大学のクラブチームに所属していたのですが、もっと自分のレベルを上げたいと思い、移籍したのです。

私は身長173センチで、ラグビー選手としては小柄です。身体的に不利な私は、大きな選手に対抗するため、人一倍頭を働かせたり、工夫したりすることに心を砕いていました。

当初、私が考えていたのは、ゲームを理解することでした。ゲームは、秒単位で、局面が移り変わっていきます。私は、いつもそれを把握しようとしました。

試合中ずっと考えていると、ゲームには、法則のようなものがあることがわかってきます。

法則を理解すると、次に何が起きるのか、予測がつくようになります。その予測から、自分の行動を選択すれば、優位に立つことができます。

法則はわかりやすいものから、わかりにくいものまでさまざまです。よく考えると、目につかないものも、予測できるようになります。

ボブは、私のプレーに対する姿勢を瞬時に見抜きました。そして、私にしょっちゅう、こう言うようになりました。

「もっと考えろ。もっともっと考えろ」

私には、相当頭を使ってプレーしている自負があったので、ボブの言葉は、衝撃でした。自分よりもっと考えている人がいることに、驚いたのです。同時に、自分のやり方が、間違っていなかったのだとも思いました。

ボブについて、私が何より驚かされたのは、記憶力です。当時はビデオ撮影もほとんどなかったにもかかわらず、試合の後、ゲーム中にあったものすごく細かいことまで覚えています。

誰かがどんな小さなことを尋ねても、覚えていて、それについて論評するのです。私は彼のこうした姿勢に、大きな影響を受けました。

ボブは、なぜ細かいことを、すべて覚えているのでしょう。それは彼が、ラグビーを、取り分け試合を、心の底から好きだからです。

何かを好きになるとは、それのマニアになることにほかなりません。彼は、試合のマニアなのです。

さらに彼がすごいのは、ただ覚えているのではないところです。それをすべて、トレーニングと関連付けて考えます。

ここにあるのは、コーチとしての徹底したプロフェッショナリズムです。

コーチの仕事は、チームの力を向上させることです。ボブが、愛情と天性の記憶力で得た情報は、すべてチームの向上に活かされるのです。

勇気とは慣れた自分を捨てること

「自分をよりよくしたい」という気持ちを起こし、それを実行しようとすれば、次に必要なものは、勇気です。

「勇気」は、どことなくありふれた響きのある言葉ですが、これを持って何かを行うことは、実はかなり大変なことです。

それは、まったく未知の世界へ飛び込むことにほかなりません。つまり、クリストファー・コロンブスのように、自分の国を離れ、何があるかわからない大洋を航海して、新しい大陸を発見することです。

大きなことを成し遂げたいと思うなら、それまでの実績を捨て、次のステップへ進まなければなりません。リスクを負うことになるので、当然、不安や恐怖が伴うでしょう。

勇気とは、慣れ親しんだ自分を捨てることなのです。

私が日本代表のヘッドコーチだった時、合宿所のミーティングルームに、「義を見てせざるは、勇なきなり」という言葉を掲げたことがあります。

これは中国の古典『論語』にある言葉で、「何をすればいいかわかっているのに、それをしないことは、勇気がないからだ」という意味です。

この言葉は、勇気というものの機微を、大変よく表していると思います。

多くの場合、人は何をすれば、自分がよりよくなるかをわかっています。なのに、なかなか実行しない——。人は誰しも、そのような意気地のなさを持っているものだと思います。

考えることと行動することには、大きな隔たりがあります。二つの間にどっしりと横たわっているのが、勇気ではないでしょうか。

何をすればいいかわかっているのに、なかなかしない場合、勇気のほかに、もう一つ大きな要素が、かかわってきます。それは時間です。

時間は人を待ってくれません。重い腰を上げようとしないうちにも、どんどん時間は過ぎていきます。

人生という時間は限られています。スポーツ選手には、選手生命があります。一般の仕事には、定年があります。あらゆる人生の終わりには、死が待っています。

勇気を持てないままやり過ごしているうち、時間切れになることも少なくないのではないでしょうか。

これこそ、本当に恐ろしいことです。

冒険しない人は後退するだけ

勇気とは、失敗を恐れないことです。

これは本当に難しいことです。

しかし、何かを変えて、よりよくしようという時、失敗を恐れていては、前に進めません。

成功より、失敗が先に来ることもあります。いや、それがほとんどではないでしょうか。

失敗した時は、そこから学び、しっかりと吸収しなければなりません。失敗を放置しておけば、次また同じ失敗を繰り返してしまいます。

たとえばラグビー日本代表の場合、ワールドカップに向けての準備段階で、何度か練習試合をしました。そして、最初の4試合のうち、3試合は敗戦でした。

私は選手たちに、この試合はワールドカップに向けて、いろんなことを試しているのだと、口を酸っぱくして言い聞かせました。

マスコミをはじめ、多くの部外者が、日本代表を不安視し、批判したからです。外野の声は、どうしても気になるものです。だから私は選手たちに、まったく気にするなと、繰り返し言いました。

ビジネスでも、新しいことを始めれば、最初に失敗があるはずです。

大成功した世界のビジネスマンを見てください。

彼らはほぼ全員、どこかで倒産などの大きな失敗をしています。そこから何かを吸収し、大きな成功を遂げたのです。

彼らは、リスクを負うことを厭《いと》わなかったのです。そのため、大きな失敗も犯しました。

もし彼らが失敗する勇気を持たなかったら、結局、大きな成功もしなかったでしょう。

私が初めて、日本に来て、東海大学のラグビー部を見て思ったのは、皆が皆、非常にミスを恐れていることでした。

コーチも「ミスをするな」と、やたらと言います。選手たちは、そればかりを気にし、少しも冒険しようとしません。こんなチームが、強くなるはずがないのです。

人間にとって、冒険することは絶対に必要です。冒険しないと、人は後退するだけだと思います。

自分を追い込むための訓練

スポーツ選手の場合、プロやレベルの高い選手は、居心地の悪い状態を快適と思わなければなりません。

スポーツは上に行けば行くほど身体的に辛いし、精神的にも非常に大きなプレッシャーがかかります。

そのような居心地の悪さの中で、快適と思えるように自分を作り上げていかなければならないのです。

どうすれば、そんなことができるか？

それはトレーニングの方法にあります。

選手が不快であるような状況に、コーチが追い込むのです。

はじめのうち、選手は嫌がりますが、トレーニングを重ねるうち、不快さに多少慣れてきます。そして、本番の試合では、練習よりずっと楽になり、高いパフォーマンスを発揮できるのです。

もう少し詳しく言うと、実際の試合よりスピードを上げた練習をし、意思決定までの時間を短くします。

選手は、瞬時に次の行動を決めなければなりません。あえて練習を、実際の試合より緊張を強いられるものにするということです。

これはビジネスでも、同じことがいえると思います。

例えばプレゼンテーションがあって、事前にシミュレーションをするとしましょう。

その段階で、周りの人間が、想定以上のありとあらゆる質問を投げかけます。本人は、非常な不快さを感じながらも、何とか答えようとします。

そのような苦しさをあらかじめ味わっておけば、本番では必ず質の高いプレゼンテーションができるにちがいありません。

何事も、本番で大きな力を発揮しようと思えば、普段から自分を追い込む訓練をすることが必要ではないでしょうか。

そして、これもまた、準備だと思います。成功のためには、一にも二にも、準備が必要なのです。

準備というものは、怠りがあってはいけません。物事の隅々まで意識しながら、行うことが大事です。

それでは切りがなくなるのではないかと思うかもしれませんが、そんなことはありません。

第二章でも言いましたが、何事も自分でコントロールできることと、できないことがあります。この二つを、はっきりと区別することが重要です。コントロールできることは、徹底して準備し、確実にしましょう。一方、コントロールできないことは、意識から捨て去ってしまえばいいのです。コントロールできないことをあれこれ考えたり、何とかコントロールしようとしたりしても、まったくの無駄です。

それは心配や不安など、無用のマイナス思考を生むだけです。そのマイナス思考が、失敗を招くのです。

学校のテストも、同じです。試験の範囲は決まっています。そこを時間の限り、しっかりと勉強しておけばいい。

準備がしっかりしていれば、自信ができます。その自信によって、いい点数が取れる確率が高くなるということです。

結局、準備は、自信を持つために行うと言っていいと思います。成功は、十分な準備がもたらす自信が、呼び込むのです。

言い訳が成功を阻んでいる

何かがうまくいかなかった時、人は必ず言い訳をします。

先ほどの試験勉強だと、「時間がなかった」「暗記するのが苦手」「そもそも勉強が嫌い」等々。

人間は言い訳を考える天才だと思います。失敗すると、どんな言い訳でも考えます。

しかし、どれほど巧妙であっても、言い訳は言い訳にすぎません。**そして、言い訳こそが、成功を阻んでいることに、人は気付くべきだと思います。**

「はじめに」でも述べたように、私が日本代表のコーチに就任した時、選手たちは皆、口をそろえてこう言いました。

「僕たちは、世界の強豪を相手にするには体が小さすぎます。ラグビーは体と体のぶつかり合うスポーツです。勝てるわけがありません」

日本人の体が小さいこと、これはコントロールできません。それは考えるだけ無駄です。

しかし、体が小さいことの利点もあります。スピード、機敏さ、体の引き締まり具合などがそうです。これらは訓練によって、伸ばすことができます。つまり、コントロールできる要素なのです。そこに意識を集中すれば、いいだけではないでしょうか。

日本の選手たちは、当初、全員がマイナス思考にとらわれていました。それを取り除きながら、いいところを伸ばしていかなければなりませんでした。

選手は一人一人違います。コーチはそれぞれに対して、違うアプローチをしなければなりません。

例えば、五郎丸歩選手。

彼は当初、練習に対する姿勢があまりよくありませんでした。

私は、一度よく彼と話そうと思い、ある晩彼を呼び出して、二人で寿司を食べに行きました。

1時間ほど彼の家族の話など、たわいないことをしゃべり、その後、
「君は今、自分のどこを改善すればいいか、わかるか？」
と聞いてみました。すると彼は私が思っていた以上に自分を客観的に見ていて、スピードや機敏さなど、直すべき点を的確に挙げたのです。

何かをよくしようと思えば、まず自分を客観的に見つめることが大事です。なぜなら、他人に指摘されるより、ずっと強い意志で取り組めるからです。

やがて五郎丸は、世界で戦うために必要なスピードと機敏さを身につけました。彼が変わることができたのは、自分の弱点を、自分で理解できたからです。

ここに指導法の、非常に重要な点があると思います。

他人の欠点が見え、それを直してやりたいと思った時、人はどうしても高みから指摘し、命令口調で直すように言ってしまうものではないでしょうか。しかし、それではあまり効果がないと、私は思います。

周りの人間を変えたいと思ったら、正面から指摘をするべきではありません。それでは、鬱陶《うっとう》しいおせっかいになることも少なくありません。

まず、その人に、自分を客観的に見つめる機会を与えるべきです。多くの場合、人

は他人に言われなくても、自分の欠点をわかっています。それを自ら、口に出させるようにすればいいのです。

自ら口にすれば、それがきっかけになり、その人は変わっていきます。

上司やコーチの仕事は、決して口うるさく指摘したり、命令したりすることではないと私は思います。

大事なのは、部下や選手が、自ら自身を変える機会を与えてあげることではないでしょうか。

参加者に特別な意識を持たせる

どんなプロジェクトでも、始める時はどう終わるかを考えなければなりません。つまり、ゴールということですが、これが参加する人たちのモチベーションを高めてくれます。

そして、もっとモチベーションを高める方法があります。それは自分たちの参加しているプロジェクトが、何か特別な意味のあるもの、重要な意義のあるものだと、感じさせることです。

そのようなすごいプロジェクトの一員であると感じることができれば、モチベーションは格段に高まります。

私は、日本代表のヘッドコーチになり、初めてのミーティングで、選手たちに言いました。

「君たちは、これから世界のトップ10に入るチームになる。過去20年以上、日本はワールドカップで勝利を上げていない。つまり、このチームは、これまでの日本で最高のチームになるのだ。さあ、日本の歴史を変えよう。これで興奮しないなら、君たちは一生興奮できないぞ」

初めて会った選手たちに向け、発したこのメッセージの集大成が、３年後のワールドカップの南アフリカ戦での逆転勝ちといっていいと思います。

南アフリカは、世界のラグビーチームの中でも非常に強いチームです。メンバー全員がスーパーラグビーのスターティングメンバーです。一方、日本のチームには、たった1人しかいませんでした。

この勝利を世界中の人たちが奇跡と呼んで興奮しました。

個々の能力では明らかに劣るにもかかわらず、最後はそれに勝ったのです。チームとしての機能性を高めたことが、この結果につながったのです。

なぜ、このようなことができたのか？

それはやはり、日本人の特質にあると思います。

私から見て、日本人の選手は非常に興味深かった。彼らはとても粘り強い。リーダーから見ると、ものすごく従順と言えます。

何かをやれと言えば、どれほど難しくても彼らはやります。たとえ間違っていても、やり続けるのです。

もちろん、物事には長所と短所があり、二つは表裏一体になっていることが多い。

例えば試合中、私が「あの辺りがオープンになっているぞ」と指示を出すと、そこばかりを攻撃し続けます。そのため、全体を見ることがおろそかになってしまうことがあります。

つまり、日本の選手（これは日本人全体と言い換えてもいいと思います）は、よく言えば生真面目、悪く言うと、融通《ゆうづう》が利かない面があると思います。

最初私は、日本の選手たちがあまりに従順で、機転が利かないため、ややもすると独裁者のような振る舞いをしていたかもしれません。新聞などのメディアにもそのように書かれました。

しかし、すぐにそのような指導が適さないことに気付いたのです。

選手たちに必要なことは、めいめいがイニシアティブを取ることだと思ったのです。

私が決めたことを選手たちが守るのではなく、選手たちがそれぞれ、自分が何をすべきかを考えるということです。

心配ほど無意味なものはない

かといって、いきなりすべて自分で考えるのは、無理があります。

私は各選手に、能力に応じた枠組みを与えました。その中で、自分で考えるようにさせたのです。枠組みを守っている限り、必要を感じたら、何をしてもいいということにしたのです。

このやり方は、浸透するのにかなり時間がかかりました。フィールドの中だけでなく、普段のラグビーに対する姿勢もなかなか変わりませんでした。

先ほど例に挙げた五郎丸選手は、ミーティングがあれば、必ず15分前には到着し、最前列に座ります。いかにも、日本人らしい従順さ、生真面目さです。しかし、彼はミーティングの間、ずっと下を向いています。私に質問されたくないからです。この弱気はいただけません。

真面目な反面、非常に消極的であることが、当初の日本チームの姿でした。この消極性こそが、日本チームの短所であり、成長を阻んでいることに気付いたのです。

選手の気持ちに大きな変化を起こすためには、今までの指導法を変えなければなりませんでした。

選手にただ、「あれをしろ、これをしろ」と指示するのではなく、一定の範囲内で自主性を持たせたのです。

そして、後で、「どの点がよかったか、悪かったか」を聞くにとどめました。

時間はかかりましたが、指導法を変えたことは、とてもよかったと思います。

選手たちの中で、少しずつ責任感が育っていき、それがプレーに反映されるようになりました。

次第に成長する姿は、感動的でさえありました。

五郎丸の普段の態度も変わりました。ミーティングで席に着くと、顔を上げ、何にでも答える気持ちに溢れて、意見も言うようになったのです。

私自身も変わりました。

最初は、日本のラグビー界全体を変えなければならないと思ったのです。そのために、ラグビー協会と意見を戦わせたりしました。

でも、何も変わりませんでした。協会から見て、私は外国人の雇われコーチにすぎません。私はかなり悩みました。

しかし、やがて達観するようになりました。変えられないものを、いくら変えようとしても無駄です。

私は、コントロールできないことを考えるのをやめたのです。

心配ほど無意味なものはありません。心配が何かを変えることはないからです。

私の結論は、いたって簡単でした。勝てばいいということです。勝てばファンはついてきてくれます。

私は、チームを強くする最適な方法を考え、それを選手たちに教えればいい。私のするべきことは、それだけです。もう余計な心配や悩みはありませんでした。

コントロールできることだけを考える。コントロールできないことは、放っておく。

私自身が、結果的に日本で学んだ一番大きな考え方は、これでした。日本という異文化に揉まれるうち、私が得た、大きな人生の哲学だと思います。

なぜ五郎丸はスターになれたのか

日本代表がワールドカップで好成績を上げたことによって、五郎丸というスター選手が生まれました。

テレビコマーシャルや電車の広告など、今では五郎丸を見ない日はないほどです。皆さんも、とても興味のある話題だと思いますので、ここでは彼の話をしたいと思います。

辛辣《しんらつ》になるかもしれませんが、私は彼のためを思って、あえて苦言を呈することにします。

私は日本代表のコーチをする前、サントリーのコーチをしていました。当時五郎丸のいるヤマハとの試合は、当然多かったのですが、サントリーが勝つことが多かった。まあ、ほとんど勝っていたといっていいと思います。

こちらの勝因、つまり向こうの敗因は、主軸選手の五郎丸にありました。彼は実に、怠惰《たいだ》な選手でした。

動くべきところで動かず、走るべきところで走らないのです。試合でそうしないということは、普段の練習から努力不足であることは明らかでした。

彼は早稲田のスターだったので、別に努力をする必要もないと思い込んでいたのです。つまり、頭の中だけで自分をスターだと思っていたのです。

私が日本代表のコーチになった時、五郎丸を選手として選びました。

怠惰ですが、キックの精度は非常に高い。努力次第で、彼は本当のスターになれると思いました。

私は彼に何度も言いました。

「君は早稲田のスターだったというだけでいいのか？　それとも世界でスターになりたいのか？　どっちだ？」

代表チームに来てから、彼は本気で努力するようになりました。練習に対する姿勢や習慣を変え、体の作り方、速さ、全体的な技術などを含め、目標に向かって努力を続けたのです。そして、とても自信を持った選手に成長しました。

多くの日本の皆さんがご覧になった、ワールドカップでの彼の活躍や、あの時の自信に満ちた姿は、努力の賜物《たまもの》なのです。

その後彼は、オーストラリアのクイーンズランド・レッズに呼ばれ、今度はフランスに行きます。

彼は自分の意識を変えることで、世界のスターになったのです。

努力せずに、実力は維持できない

今後五郎丸は、どうなるでしょう？　海外でも活躍できるでしょうか？

五郎丸に活躍してほしいという、日本の皆さんの気持ちはよくわかります。しかし、残念ながら難しいと言わざるをえません。

実際、彼の海外での成績は悲惨です。

なぜ、そうなってしまったのでしょう？　簡単です。彼は再び自分をスーパースターと思い込み、努力を怠ったからです。

スターになるとは、どういうことか？

それは周囲が、自分を持ち上げる人間ばかりになるということです。

スターになった人は、必ず自分を批判する人物を、周りに置いておかなければなりません。その人の意見に耳を傾ける謙虚さが、絶対に必要です。そうすれば、さらに強くなることができます。

おそらく五郎丸は、これをしなかったのでしょう。周りにちやほやされ、自分は努力しなくても活躍のできる特別な人間と、再び錯覚してしまったにちがいありません。

どれほど才能があっても、努力せずに能力を向上させたり、維持したりすることのできる人間などいません。

しかし、スターになってちやほやされると、こんな簡単な道理さえわからなくなってしまうのです。名声というものには、危険な薬物のようなところがあります。

海外で活躍する日本のサッカー選手でも、同じことが言えます。

イングランドのレスター・シティＦＣで活躍する岡崎慎司《おかざきしんじ》選手。彼は素晴らしい努力家です。プレミア・リーグという最高のリーグの中の、最高の選手の一人である彼は、真のスーパースターと呼ぶにふさわしい選手です。

一方、イタリアのＡＣミランに所属する、本田圭佑《ほんだけいすけ》選手はどうでしょう。彼は上手い選手ですが、最近あまりパッとしません。

彼は華があるイケメンで、日本でとても人気があります。しかし、成績から見て、平均的な選手です。スーパースターとは、呼べません。

私は、本田選手もまた、名声に毒された選手だと思います。

スターとして脚光を浴びるうち、錯覚が生まれ、いつか努力を怠るようになったにちがいありません。

彼らから、一般の方が学べることは、何でしょう。それは**たとえ成功しても、満足したり、驕《おご》ったりしてはいけない**ということです。

先ほども言ったように、**努力を怠って、実力を維持したり、向上させたりできる人などいない**のです。

成功や名声は人を酔わせます。そして、自分は特別な人間であるような錯覚によって、その人をどんどんダメにします。

成功すれば、嬉しいのは誰も同じです。しかし、その嬉しさは、すぐに捨てなければなりません。またゼロに戻った気持ちで、やり直すのです。その時、少しでも過去の栄光に胡坐《あぐら》をかくような気持ちがあれば、その人は、そこから蝕《むしば》まれていくにちがいありません。

常にゼロから始めよ

「自分に満足するな。常にゼロから始めよ」

このメッセージは、２０１５年11月から私が率いることになったイングランド代表の選手たちにも、常に発しています。

イングランドはワールドカップでの優勝経験もある強いチームですが、たとえトップクラスでも、落ちたくなければ、ゼロから始めるしかないのです。

いい成績を上げても、努力を怠らず、ハードワークを続けます。その繰り返しがあ

るだけです。

もし、ハッピーになれる時があるとすれば、ワールドカップで勝利した時だけでしょう。その時だけ、選手たちは、休暇をもらうことができるのです。

私がイングランドのコーチを選んだ理由は、イングランドには非常に多くの可能性があった。それだけです。

世界のトップで勝つには、二つの大切な要素があります。

個々の実力と連帯感です。日本代表は、個々の実力においては発展途上ですが、素晴らしい連帯感を作ることができました。

一方、イングランドは実力のある選手が多いですが、まだ連帯感がありません。私のやるべき仕事は、実力ある選手を、チームとしてまとめ上げることです。

イングランドのコーチを引き受ける際、私は自分のキャリアと、56歳という年齢を考えました。

これからは、自分がやりたいことだけをやろうと思ったのです。これまでとは違う、何かワクワクすることがやりたいと思いました。

私は日本で生活することもできたし、その文化も楽しめた。新しいチームを作り上げるという挑戦もできました。そして今、イングランドのコーチという機会を得たのです。

イングランドの選手は、とにかく体がものすごく大きい。これが第一印象でした。私がこのような印象を受けたのは、ここ何年間、体の大きくない日本の選手にずっと接してきたからかもしれません。

しかし次には、日本と共通するものを感じました。それは島国という風土から来る意識です。

人に対して礼儀正しく、争いは避けたいというような意識が、イングランドの選手たちにはあります。

私がここで、彼らに指導することは、基本的には日本と同じです。それは状況に応じて、個々人の決断を促すことです。

それは日本ほど時間をかけず、選手たちに浸透しました。

日本では3年かかったことが、イングランドでは半年でできるようになりました。日本と違って、イングランドの選手たちには、ベースに個人主義があるからかもしれません。

今、イングランドの調子は上々です。シックス・ネイションズ（ヨーロッパの強豪6ヵ国による国際大会）でも優勝し、世界からも注目を集めています。

しかし、新たな悩みもあります。むしろ当初より、今のほうが難しいかもしれません。

期待が集まると、それだけプレッシャーも大きくなります。最初の課題をクリアした選手たちのモチベーションを上げたり、改善したりするために新たな方法を考えなければなりません。

その時、「常にゼロから始めよ」がベースになるのは、いうまでもありません。

まず少人数で意見交換を

ビジネスでもスポーツでも、レベルの高いところにいようと思えば、学び続ける必要があります。

学ぶとは、新しいことや自分が知らないことを、先入観なく虚心に見つめ、吸収することです。

それは自分の身を、そこに置いてみることにほかなりません。物理的には無理でも、イメージはできるはずです。

私は、「同じ日は二度と来ない」という格言が好きで、よく自分に言い聞かせています。

これは何かを学ぶとき、とても大事な考え方だと思います。

会社でも家庭でも、毎日状況は違います。とくに人間関係はそうです。日々異なる空気を感じ取り、そこから何かを吸収したり、自分をよりよくするきっかけをつかんだりすることが大切です。

「どうせ何をしても変わらない」

このような考え方でいれば、学ぶべきところやチャンスがあっても、見えません。自ら目を閉じてしまっているのと、同じです。

上司やコーチなどリーダーの場合は、部下や選手がどのような気持ちでいるのかを観察することが鍵になります。

その人を、よりよくするためにはどうすればいいか？

この問いに対する、たった一つの正しい答えはありません。先ほども言ったように、人間関係は日々変化しているからです。

常に相手を観察し、その時々に応じたやり方で、接するべきではないでしょうか。

指導したり、人間関係から何かを学び取ったりする場合、コミュニケーションが大事なのは、いうまでもありません。

しかし、一方で、日本人は何かを主張したり、議論を戦わせたりすることが、あまり得意ではありません。

これは物事を改善するきっかけを、失うことになりかねません。

また、リーダーシップを発揮できる人物が、育ちにくくなってしまうのではないでしょうか。

もちろんいろんな世界で、日本にも素晴らしいリーダーシップを発揮している人物はたくさんいます。

しかし、リーダーシップが備わっているとは思えない人物が、その立場にいることも少なくありません。

自分の意見をはっきり口にできなかったり、リーダーが決定しなくても、合議的に何かが決まったりする環境では、リーダーが育ちにくいのは、当然です。

ここからは、日本での経験に基づく、私からの提案です。

私は、日本人は、大人数がいるところでは、なかなか自己主張しない特徴があると思います。

ですから、**もし建設的な意見がほしいなら、3、4人ほどの少人数で討論する機会を持てばいい**と思います。

人は何事も、慣れるものです。

少人数で意見を述べ合うことに慣れれば、今度はもう少し人数を増やせばいい。そのようにして、議論を活発にすればいいと思います。

意見があるのに、それを言えない組織では、おそらく進歩は望めないのではないでしょうか。

さまざまな意見が飛び交い、それをめいめいが考えることで、各自の思想も磨かれます。そこから組織の進歩も生まれるのだと思います。

私は日本人のコミュニケーションに対し、まるっきり悲観しているわけではありません。

日本人には、日本人にしかない、素晴らしいコミュニケーションの仕方があります。いわゆる「飲み会」です。

ここでは誰もが、会社では言えなかった意見を述べます。腹を割った話をしたり、本音を言い合ったりするのです。

日本人は、お酒が入ると饒舌《じょうぜつ》になります。実際、金曜日の新橋や新宿、渋谷の居酒屋は、ものすごくにぎやかです。酒場のにぎやかさにかけて、日本は世界随一ではないでしょうか。

最近の若者の中には、あの雰囲気を嫌う人が少なくありません。これは非常にもったいないと思います。

日本人が唯一議論できる場を、失ってしまっているのですから。

プロとアマチュアは何が違うか

今度は、プロとアマチュアの違いについてお話ししたいと思います。

一般的に、何か物事を行った時、それに対してお金がもらえるのがプロ、もらえないのがアマチュアとされています。

しかし、それだけでは十分ではありません。お金を取っているかどうかは、外形です。私は大事なのは、中身だと思います。

私の考えるプロとアマチュアの違いは、何といっても心構えです。それをもう少し詳しく言うと、結果と責任に対する姿勢です。

プロもアマチュアも、あることが好きだからやっている。これは同じです。

プロは結果を出そうとしなければなりません。それだけではいけません。結果が出なければ、責任を取らなければなりません。

つまり、プロにおいて、結果と責任は、一つのものであるということです。それがプロの心構えということです。

私はスポーツに限らず、どんな世界でも、この意識の希薄な人が、案外多いと思います。

ただ好きだから、楽しいからというだけでは、どこまで行ってもプロとは言えないのではないでしょうか。

プロでは、どんな小さなことでも責任が付きまといます。それはある意味、とても怖いことです。

仕事が楽しいと言っている人は、一見よさそうですが、私はその人が、本当の意味でのプロ意識を持っているのか、疑問に思います。

結果が出なければ、責任を取らなければならないという意識は、緊張感を生みます。

これがなければ、いくらお金を取っていても、中身はアマチュアではないでしょうか。学生気分のまま、仕事をしているように、私には思えます。

では、プロ意識を高めるためには、どうすればいいでしょう?

これには、簡単な方法はありません。私が、今述べたことを、本人がよく理解するしかないと思います。

今、あなたがしていることは、あなたの仕事なのです。ほかの誰のものでもありません。

あなたがいろいろなことを決め、あなたがこの分野をよくしていかなければなりません。

あなたはこのことを、よく理解するべきです——これを本人が、自覚するしかありません。また、リーダーは部下に、これを徹底して教え込むべきです。

決断するから進歩が生まれる

ラグビーを例に取りましょう。コーチが選手に、決断を任せたとします。そして、試合で実際に、選手が何か決断したとしましょう。

しかし、それがコーチから見て、間違ったものであったとしたら、どうしますか？批判しますか？

批判したくなるのは、当然です。間違いを、みすみすやり過ごすのは、非常にもどかしいものです。

でも、ここが我慢のしどころです。絶対に批判してはいけません。批判せず、何が間違っていたか選手自身に考えさせるべきです。そうしないと、責任感やプロ意識は育ちません。

批判とは、結局構うことです。一種の庇護《ひご》であり、それを受け入れることで、選手もどこかでコーチに依存してしまいます。そして、次から批判されまいとし、ミスを恐れるようになります。

また批判は、選手から自信をそぎ落としてしまいます。それだけではありません。思考も停止させてしまいます。選手がベストパフォーマンスをできない状態、最大限の力を出せない状態に追いやってしまうのです。

何かを決断するのは、非常に勇気がいります。はじめのうちは、間違った決断をしてしまうでしょう。しかし、やがて責任感とともに、決断に正確さが出てきます。これこそが、進歩なのです。

上司は部下に、この勇気を与えてあげることが、大切ではないでしょうか。

ただ、取り違えてほしくないのは、これは何もしないということではありません。決断は批判しなくても、努力には口出しするべきです。

決断と努力には、違いがあります。その人がどれだけ努力するかということは、コントロールできる要素だからです。

努力はしようと思えば、いくらでもできます。周りから見て、その人が努力不足だと思えば、発破《はっぱ》をかけてやればいい。

しかし、決断は、リーダーが部下に機会を与え、初めて成立するものです。一度、任せたものをとやかく言うべきではありません。

決断を批判すれば、機会を与えたことの意味がなくなってしまいます。

もしその決断が間違っていた場合は、想定できるほかのシナリオを幾つか与え、そのうちから選ばせるなどして、決断力を高める手助けをしてあげるべきではないでしょうか。

明日のために準備せよ

どんな仕事でも、うまく行くようにするには準備が必要です。チームで何かをする場合は、チームに対する準備と同時に、自分の準備もしなければなりません。準備が不十分で何かをしても、意味はありません。

部下の準備が十分かどうかを見極めるには、観察力が必要です。

皆さんがリーダーや上司なら、部下のことを、常に観察しなければなりません。顔色、動き、他人との関係……これらに着目しながら、彼が本気で仕事をする気になっているのか、ただオフィスにいる時間を埋めているだけなのか、見極めることが大切です。

準備を怠っていたり、気のゆるみが見られたりする部下は、容赦なく外すべきです。

そうすることで、次第に部下全員の意識が高まり、以前にはなかった成果が上げられるようになると思います。

同時にリーダーは、どんなプロジェクトでも、部下に対し、目的を明確にしておかなければなりません。

「ここがあなたのスタート地点で、ここがゴールです。つまり、今あなたが行っていることのすべては、そのゴールに向けてのものです」

このように、部下にはっきりと筋道を示すべきです。つまり、「すべては明日のため」ということです。

人は、将来を見据えていなければ、物事に集中できません。未来の見えない努力など、一体誰がするでしょう。

常に、先を見ること、これがとても大事です。すべてのエネルギーは、未来から湧き起こるのです。

もし、皆さんが、明日ではなく、今日だけに焦点を当てているのであれば、非常に大きなものを失っています。

それではせっかくの伸びしろを活かせなかったり、チャンスを見逃したりしてしまいます。

言い換えれば、長期的な戦略が必要ということです。目先しか見ない人は、短期的な利益を得たいのだと思います。しかし、それでは長い目で見た場合、大して利益を得られません。

長期的な戦略があれば、短期的な利益も得ることができます。

自分が前を向き、チームのみんなが前を向いて動けるようにしなければなりません。そうすれば、自ずとモチベーションが上がってくるにちがいありません。

成功に、焦りは禁物です。焦らず、ゴールを目指し、熱意を持って着々と準備を重ねれば、必ず成功は手中にできると、私は思います。

おわりに――部下がリーダーを超える時

私はこの本で、ラグビー日本代表チームがどのように強くなったかを中心に、話をしてきました。

話の中心が、２０１５年9月19日、「スポーツ史上最大の番狂わせ」と言われた、ワールドカップ南アフリカ戦の逆転勝利にあるのは、いうまでもありません。

ここで私は、皆さんに告白しなければなりません。

あの試合の終盤、勝つことをあきらめたのは、何を隠そう、ヘッドコーチの私だったのです。終わり近く、日本はペナルティーをもらいました。スコアは29対32とリードされ、残り時間は2分を切っています。私は着実にキックで3点を取りたいと思いました。位置もよく、この日の五郎丸の調子から言って、得点は確実です。

私は引き分けで十分だと考えたのです。トライで5点を狙うのは、あまりにギャンブルだと思いました。コーチボックスから私は、選手たちに向かって叫びました。

「テイキング・スリー！　テイキング・スリー！（3点でいい！　3点でいい！）」

しかし、選手たちは、私の指示に従おうとしません。すでにスクラムを組んでいます。これはトライで5点を取ろうとしているということです。私は苛立《いらだ》ち、無線のヘッドセットを外して、投げつけました。もうどうしようもありません。

しかし、スクラムから出たボールは選手から選手へ渡り、見事にトライは決まったのです。

本当の成功は、部下がリーダーを超えた時に起こります。

選手は最後、私の指示を無視しました。そして、自主的に状況判断をし、勝利を得たのです。

本書で私は、成功のための「指示」をたくさん出しました。

読み終えた皆さんは、今度は日本代表選手のように、自分で判断し、行動していただきたいと思います。

成功は、あの時トライの決まったゴールエリアのように、皆さんのすぐ目の前にあります。

解説――人を動かす言葉

２０１５年、ラグビーワールドカップの対南アフリカ戦を、私は夜遅く、テレビ観戦していた。私は学生時代ラガーマンだったので、やはりラグビーには関心がある。

しかし、日本が南アフリカに勝つなど、夢のまた夢である。正直、期待はしていなかった。次の日、私には、接待のゴルフの予定があるため、朝早く起きなければならない。前半で、ある程度点差が開いたら、テレビを消して、寝ようと思っていた。

ところが、試合は拮抗した。これは寝るどころではない。私はテレビに釘付けになり、途中から立って観戦していた。

そして最後、トライが決まり、逆転勝ちした時は、思わず声を上げ、拍手していた。翌日は、弊社のロンドンオフィスの社員や南アフリカ出身の社員などから、「日本はすごい！」というお祝いメールをたくさんもらった。

日本代表を奇跡の勝利に導いたエディー・ジョーンズさんと、私とのご縁は、２０

15年の秋、弊社のアジア地域の幹部が集まる会議で講演をお願いしたことが始まりである。そこで、リーダーシップや人材育成などのお話をしていただいた。その時、私は強い感銘を受けた。大変僭越《せんえつ》ながら、エディーさんの知見や哲学が、私がビジネスを通じて得たものと、よく似ていると感じたからである。

私は、エディーさんに、弊社のアドバイザリーボード（外部の識者による諮問《しもん》機関）に入っていただきたく思い、お願いしたところ、快く引き受けてくださった。

エディーさんは、非常に頭のいい方である。すべてに論理があり、それを駆使して独創的な発想をされる。一方で、直感や観察力に優れ、人情の機微にも通じている。要は、人としての総合力が高いのだ。

私が、エディーさんに共感を覚える点はいくつもあり、それらはすべて、本書で詳しく語られている。

中でも、「成功は準備がすべて」という言葉は、ビジネスにも広く当てはまる。

例えば、プレゼンテーション。大きな仕事には、必ずプレゼンテーションの機会がある。これの成否は、どれほど準備をしたかで決まる。提案資料の作成、プレゼンテーションの仕方、その後の質疑応答のシミュレーション……。念入りに行えば行うほど、成功の確率が高まるのは、言うまでもない。

また、エディーさんは、「そんなことができる訳がないと思えるほど、大きな目標を設定し、それに向かって100パーセントの努力をせよ」と言う。そして、「勝負の時は、鬼になれ」と檄《げき》を飛ばす。

私もまったく同感だ。しかし、これに関して、ビジネスならではの歯がゆさを感じるのも事実である。

私は、全社員の前で、年に4回ほど話をする。話の内容は、基本的にはエディーさんのメッセージに近い。

しかし、社員の3割ぐらいは、笑ったりして、まともに聞いてくれない。話の熱っぽさのため、冗談と取られてしまうのだろう。

以前、某政治家が、「なぜ、一番なんですか？　二番じゃいけないんですか？」というような発言をし、マスコミなどで大きく取り上げられたことがあるが、誰もが一番になりたいわけではない。スポーツと違い、組織的なビジネスのように大人数で行う活動の場合、必ず一定の割合で、「熱くなれない」人たちが存在するのは、避けようがない。

彼らを説得するのは、至難の業である。私が、口を酸っぱくして言っても、「社長は体育会系の熱い人だから……」と、ますます聞き入れてもらえない。

しかし、アドバイザーのエディーさんが話すと、普段は冷めた社員も熱心に耳を傾ける。そして、彼らの仕事に対する姿勢が、少しずつではあるが、確実に変わってきたことを、私は実感している。

本書の第二章に、選手にメッセージを発する際、

「同じ食材にある時は醤油をかけ、ある時はマスタードをつける。また別の機会にはトマトソースをかける。手を替え品を替え、話さなければなりません」

という件《くだり》があるが、エディーさんが自分の言葉に、どれほど工夫を凝らしているかが、うかがえる。

エディーさんの言葉は、人を動かす説得力に溢れている。本書を読まれた皆さんの中にも、仕事や人生に対する今までになかった熱意が湧き起こると、私は確信している。

ゴールドマン・サックス証券株式会社社長　持田昌典

参考文献

生島　淳『ラグビー日本代表ヘッドコーチ　エディー・ジョーンズとの対話　コーチングとは「信じること」』文藝春秋
生島　淳『エディー・ウォーズ』文藝春秋
大友信彦『エディー・ジョーンズの監督学　日本ラグビー再建を託される理由』東邦出版
斉藤健仁『エディー・ジョーンズ　4年間の軌跡――』ベースボール・マガジン社
柴谷　晋『ラグビー日本代表監督エディー・ジョーンズの言葉』ベースボール・マガジン社

編集協力／前田正志
杉山直子
構成協力／榎本明日香

エディー・ジョーンズ Eddie Jones

一九六〇年、オーストラリア、タスマニア州バーニー生まれ。オーストラリア人の父と、日系アメリカ人の母の間に生まれる。一九九〇年代初頭まで、当時オーストラリアの最有力州チームだったニューサウスウェールズ州の代表として活躍、その後引退し、コーチに転身する。二〇〇三年、オーストラリアの代表監督としてW杯準優勝、二〇〇七年、南アフリカのテクニカルアドバイザーとしてW杯優勝。二〇〇九年、サントリーのゼネラルマネージャーに就任。二〇一〇年度より監督も兼任し、日本選手権優勝。二〇一二年、日本代表ヘッドコーチに就任。二〇一五年のW杯では、世界的な強豪南アフリカ代表に歴史的な勝利をおさめ、ラグビーファンだけでなく日本中の注目を集めた。現イングランドの代表監督。

ハードワーク 勝《か》つためのマインド・セッティング

二〇一六年一二月一日 第一刷発行
二〇二一年四月八日 第一一刷発行

著者 エディー・ジョーンズ

発行者 鈴木章一
発行所 株式会社講談社
東京都文京区音羽二丁目一二―二一 郵便番号一一二―八〇〇一
電話 編集〇三―五三九五―三五二二
販売〇三―五三九五―四四一五
業務〇三―五三九五―三六一五

カバー写真 Stu Forster / Getty Images
ブックデザイン 鈴木成一デザイン室
印刷所 株式会社新藤慶昌堂
製本所 株式会社国宝社

ISBN978-4-06-220357-9 定価はカバーに表示してあります。